Yei Theodora Ozaki

Der Mann, der nicht sterben wollte

und andere seltsame Geschichten aus dem alten Japan

Aus dem Englischen übertragen und mit Anmerkungen versehen von
Klaus Lerch

Die deutsche Nationalbibliothek verzeichnet diese Publikation in der Deutschen Nationalbibliographie. Detaillierte bibliographische Daten sind im Internet über http://d-nb.de abrufbar.

ISBN 978-3-945058-29-9

Herstellung: Books on Demand GmbH, Norderstedt

Yei Theodora Ozaki

Der Mann, der nicht sterben wollte

Inhaltsverzeichnis

尾崎英子

Der Mann, der nicht sterben wollte

Vor langer, langer Zeit lebte in Japan ein Mann, der Sentaro genannt wurde. Sein Name bedeutet „Millionär“, obwohl er so reich gar nicht war, arm allerdings auch nicht. Von seinem Vater hatte Sentaro ein kleines Vermögen geerbt, und so lebte er in den Tag hinein, ohne die Absicht, eine Arbeit aufzunehmen, bis er zweiunddreißig Jahre alt war. Eines Tages kamen aus heiterem Himmel trübsinnige Gedanken an Krankheit und Tod über ihn. Die Vorstellung, zu leiden oder gar zu sterben war für ihn unerträglich.

„Ich will leben“, sagte er sich, „bis ich fünf- oder sechshundert Jahre alt bin – und das ohne jegliche Krankheit. Die gewöhnliche Lebensspanne eines Menschen ist viel zu kurz.“

Sentaro fragte sich, ob möglich sei, von nun an einfach und sparsam zu leben, um sein Ziel zu erreichen. Aus den alten Büchern kannte er die Berichte über frühere Kaiser, die tausend Jahre alt geworden waren. Auch gab es die Prinzessin von Yamato[1], die – so stand es geschrieben – bei ihrem Tod fünfhundert Jahre alt war. Oft hatte Sentaro die Erzählungen über den chinesischen Kaiser Shin-no-Shiko[2] gelesen, der als einer der fähigsten und mächtigsten Herrscher in der Geschichte Chinas beschrieben wurde. Er hat all die großen Paläste gebaut und auch die berühmte Chinesische Mauer.[3] Der mächtige Mann hatte alles, was er sich wünschen konnte, aber trotz seines Glücks, der Pracht seines Hofes, der Weisheit seiner Berater und des Ruhms seiner Regentschaft fühlte er sich elend, weil er wusste, dass er eines Tages sterben und all dies zurücklassen musste. Immer wenn Shin-no-Shiko abends zu Bett ging, wenn er morgens aufstand und auch den ganzen Tag über, begleiteten ihn Gedanken an den Tod. Er konnte sich davon nicht befreien. Ach, wenn er doch nur das sagenumwobene Lebenselixier[4] finden könnte, erst dann wäre er wirklich glücklich. Schließlich rief er seine Höflinge zu sich und forderte sie auf, ihm den Trank der Unsterblichkeit zu besorgen, von dem er schon so viel gelesen und gehört hatte.[5]

Einer der ältesten Höflinge namens Jofuku[6] berichtete dem Kaiser von dem weit entfernten Land Horaizan[7], in dem Eremiten lebten, die befähigt waren, ein Lebenselixier herzustellen. Wer auch immer davon einen Schluck nahm, der lebte ewig. Unverzüglich beauftragte der Kaiser Jofuku, nach Horaizan zu reisen, die Einsiedler ausfindig zu machen und ihm eine Phiole mit dem wundersamen Trank zu bringen. Er stellte dem Höfling sein bestes Schiff zur Verfügung, ausgerüstet mit fortschrittlichster Technik und beladen mit Schätzen und Edelsteinen als reiche Geschenke für die Einsiedler. Jofuku segelte über das Meer und fand das Land Horaizan, doch er kehrte nie wieder zu seinem Kaiser zurück. Seit dieser Zeit verortet man das sagenhafte Land Horaizan am Berg Fuji. Dort sollen die Eremiten leben, die das Geheimnis des Lebenselixiers hüten und Jofuku als ihren Schutzgott verehren.

Sentaro entschied sich aufzubrechen, um die Eremiten zu suchen. Falls er sie finden würde, wollte er einer von ihnen werden, um Zugang zu dem Elixier des ewigen Lebens zu bekommen. Er erinnerte sich an Erzählungen aus seiner Jugend, die besagten, dass die Einsiedler nicht nur auf dem Berg Fuji lebten, sondern auf allen hohen Gipfeln. Und so überließ er sein Zuhause der Obhut seiner Verwandten und machte sich auf den Weg. Er reiste durch alle Berggegenden des Landes und stieg auf die höchsten Gipfel, doch niemals konnte er dort einen Eremiten finden. Nachdem er viele Tage durch eine unbekannte Region gewandert war, traf er schließlich einen Jäger.

„Können Sie mir sagen", fragte Sentaro, „wo die Eremiten leben, die das Lebenselixier besitzen?"

"Nein", sagte der Jäger, "ich kann Ihnen nicht sagen, wo solche Eremiten leben, doch hier in der Gegend lebt ein berüchtigter Verbrecher, der eine Räuberbande von zweihundert Mann anführt."

Diese seltsame Antwort irritierte Sentaro sehr. Er wollte nicht noch mehr Zeit damit verschwenden, das Elixier auf den Berggipfeln zu suchen. Deshalb beschloss er, in den Süden Japans zum Schrein von Jofuku[8] zu reisen, dem Schutzgott der Eremiten. Nachdem er dort ankam, betete er sieben Tage lang. Er flehte Jofuku an, ihm den Weg zu den Eremiten zu zeigen, die ihn zu einem von ihnen machen und ihm das geben sollten, was er schon so lange gesucht hatte. Um Mitternacht des siebten Tages, als Sentaro wieder in dem Tempel kniete, flog die Tür des innersten Schreins auf und Jofuku erschien, umgeben von einer leuchtenden Wolke. Er forderte Sentaro auf, näher zu kommen und sprach:

„Dein Wunsch ist sehr egoistisch. Er kann nicht so einfach erfüllt werden. Du glaubst, dass du ein Eremit werden kannst, um das Lebenselixier zu finden.

Weißt du eigentlich, wie schwer das Leben eines Eremiten ist? Ein solcher Einsiedler darf nur Früchte und Beeren essen sowie die Rinde des Pinienbaums. Er muss sich vom Rest der Welt abgrenzen, damit sein Herz so rein wird wie Gold und frei von jedem irdischen Verlangen. Allmählich, nachdem er diese strengen Regeln lange Zeit befolgt hat, hört der Einsiedler auf, Hunger, Kälte oder Hitze zu spüren und sein Körper wird so leicht, dass er auf einem Kranich oder einem Karpfen reiten und über Wasser gehen kann, ohne dass seine Füße nass werden. Du, Sentaro, liebst ein Leben in Bequemlichkeit und Wohlstand. Im Vergleich zu anderen bist du außergewöhnlich faul und viel empfindlicher gegen Hitze und Kälte. Du wirst es niemals fertigbringen, im Winter barfuß und mit dünner Kleidung durch den Schnee zu laufen! Glaubst du, dass du jemals die Geduld aufbringen wirst, das Leben eines Einsiedlers zu leben? Dennoch, als Antwort auf dein Gebet werde ich dir auf andere Weise helfen. Ich werde dich in das Land des ewigen Lebens schicken, wo es den Tod nicht gibt."

Als er dies sagte, drückte er Sentaro einen kleinen Papierkranich in die Hand. Er forderte den überraschten Mann auf, sich auf den Rücken des Kranichs zu setzen, damit dieser ihn in das Land des ewigen Lebens tragen konnte.[9] Staunend befolgte Sentaro die Anweisungen Jofukus. Der Kranich wuchs zu einer Größe, die ihm einen bequemen Ritt erlaubte. Dann breitete der Vogel seine Flügel aus, stieg hinauf in die Luft und flog über die Berge zum Meer.

Zunächst war Sentaro stark verängstigt, aber nach und nach gewöhnte er sich an den schnellen Flug durch die Lüfte. Immer weiter flogen sie, über tausende von Meilen. Nicht ein einziges Mal musste der Vogel anhalten, um sich auszuruhen oder zu fressen. Da er ein Papiervogel war, brauchte er keine Nahrung, und seltsamerweise ging es Sentaro genauso. Nach einigen Tagen erreichten sie eine Insel. Der Kranich flog ein Stück über Land, um schließlich niederzugehen. Als Sentaro vom Rücken des Vogels stieg, faltete dieser sich zusammen und flog in die Tasche seines Passagiers. Verwundert und neugierig sah sich Sentaru um. Er wollte so bald wie möglich herausfinden, was das Land des ewigen Lebens ausmachte. Zunächst durchquerte er die Insel und kam zu einer Stadt. Alles war so merkwürdig hier und anders als in seiner Heimat. Doch sowohl das Land als auch die Menschen schienen wohlhabend zu sein und so glaubte er, dass es gut wäre, hier zu bleiben.

Sentaro nahm sich zunächst ein Hotelzimmer. Der Betreiber des Etablissements war ein freundlicher Mann, der dem neuen Gast versprach, alles Nötige bei den städtischen Behörden zu arrangieren, um ihm einen dauerhaften Aufenthalt in der Stadt zu ermöglichen. Er fand sogar ein Haus für Sentaro, dessen größter Wunsch nun in Erfüllung ging. Er wurde zum Bürger im Land des ewigen Lebens.

Soweit sich die Bewohner der Insel erinnern konnten, war dort noch nie ein Mensch gestorben und auch Krankheiten waren völlig unbekannt. Vor langer Zeit waren Priester aus Indien und China gekommen, die ihnen von einem wundervollen Land berichtet hatten, das „Paradies“ genannt wurde und in dem Glückseligkeit und Zufriedenheit die Herzen aller Menschen erfüllte. Doch der Zugang zu diesem Ort konnte nur durch den Tod erreicht werden. Diese Erzählung war von Generation zu Generation über Jahrhunderte hinweg überliefert worden, doch niemand wusste, was der Tod war – außer, dass er ins Paradies führte. Ganz im Gegensatz zu Sentaro und den anderen gewöhnlichen Menschen, die Angst vor dem Tod hatten, sehnten sich die Bewohner der Insel danach, diesen Zustand zu erreichen. Ob arm oder reich, sie alle waren ihres langen, langen Lebens müde und wollten in das das Paradies übertreten, das für sie das Land der Glückseligkeit bedeutete, so wie es die Priester ihnen vor hunderten von Jahren versprochen hatten.

All dies hatte Sentaro schon bald in den Gesprächen mit den Inselbewohnern erfahren. Nach seinem Verständnis hatte er ein Land betreten, in dem alles auf den Kopf gestellt war. Er hatte sich so sehr gewünscht, dem Tod zu entkommen und nun musste er feststellen, dass die Bewohner, die dazu verdammt waren, niemals zu sterben, sich nichts sehnlicher wünschten als den Tod. Was er bislang als giftige Speisen angesehen hatte, aßen diese Leute mit Genuss, und all die Dinge, mit denen er seinen Hunger stillte, lehnten sie ab. Immer wenn Kaufleute aus anderen Ländern die Insel besuchten, eilten die reichen Leute zu ihnen, um all die mitgebrachten Gifte zu kaufen. Diese verschlangen sie dann mit großer Gier, in der Hoffnung auf den Tod und den Eintritt ins Paradies. Doch was in anderen Ländern als tödliches Gift galt, hatte an diesem seltsamen Ort eine andere Wirkung. Menschen die das vermeintliche Gift tranken, fühlten sich bald besser als zuvor. Vergebens versuchten sie sich vorzustellen, wie der Tod sein könnte. Die Reichen würden alles geben, was sie besaßen, wenn sie ihr Leben nur auf zwei- oder dreihundert Jahre verkürzen könnten. Doch ohne Hoffnung auf Veränderung und mit der Aussicht, ewig zu leben verfielen die Inselbewohner in tiefste Depressionen.

In den Drogerien wurde ein Medikament angeboten, das sich schon bald starker Nachfrage erfreute. Wenn man es mehr als hundert Jahre lang einnahm, sollte es die Haare grau verfärben und zu Magenbeschwerden führen. Verwundert stellte Sentaro fest, dass in den Restaurants große Mengen des giftigen Kugelfisches als Delikatesse serviert wurden und dass die Händler auf den Straßen Soßen anboten, die mit Spanischer Fliege zubereitet waren.[10] All diese schrecklichen Dinge beeinträchtigten die Gesundheit in keiner Weise. Nicht einmal eine Erkältung konnte Sentaro bei den Inselbewohnern beobachten. Er selbst würde niemals müde werden zu leben. Der Wunsch zu sterben war für ihn nicht nachvollziehbar. Sentaro, der auch beruflich schon bald Fuß gefasst hatte, war der einzige glückliche Mensch auf der Insel. Tausende von Jahren wollte er hier leben und seine Existenz genießen. Er konnte sich nicht vorstellen, jemals wieder in seine Heimat zurückzukehren.

Doch als die Jahre vergingen, lief nicht alles so rund wie anfangs gedacht. Geschäftlich hatte Sentaro starke Verluste zu verzeichnen. Auch kam es des Öfteren zu Problemen mit den Nachbarn, was ihm großen Kummer bereitete. Die Zeit verging wie im Flug, denn er war von morgens bis abends sehr beschäftigt, immer auf die gleiche Weise. Nachdem drei Jahrhunderte vergangen waren, wurde er dieses monotonen Lebens müde und er begann, sich nach der Rückkehr in seine alte Heimat zu sehnen. So lange er sich hier aufhielt, das Leben würde nur ein Spiel sein. War es nicht mühsam und töricht, für immer hier zu bleiben? In seinem Wunsch, aus dem Land des ewigen Lebens zu fliehen, erinnerte sich Sentaro an Jofuku, der ihm schon damals geholfen hatte, dem Tod zu entkommen. Er betete zu der Gottheit und wünschte sich sehnlichst, in sein eigenes Land zurückzukehren. Kaum hatte er das Gebet gesprochen, fiel der Papierkranich aus seiner Tasche. Sentaro war erstaunt, dass dieser nach all den Jahren noch unbeschädigt war. Und wieder wuchs der Vogel zu voller Größe, um ihn auf seinem Rücken aufnehmen zu können. Als Sentaro dort saß, spreizte der Kranich die Flügel und flog mit hoher Geschwindigkeit raus aufs Meer in Richtung Heimat.

Als Sentaro sich umsah und das Land des ewigen Lebens noch einmal erblickte, bereute er seine Entscheidung. Vergeblich versuchte er den Vogel zu stoppen. Unbeirrt flog der Kranich weiter, tausende Meilen über das Meer. Doch dann kam ein heftiger Sturm auf. Der wunderbare Papiervogel wurde feucht, verknitterte und fiel in die tosende See – und mit ihm Sentaro. Voller Angst zu ertrinken rief dieser Jofuku an und bat ihn lautstark um Rettung. Er blickte sich um, doch es war kein Schiff zu sehen. Er schluckte eine Menge Meerwasser, was seine Lage noch verschlimmerte. Während er sich bemühte über Wasser zu bleiben, sah er einen monströsen Hai auf sich zukommen. Das Tier kam immer näher und öffnete sein riesiges Maul, bereit ihn zu verschlingen. Jetzt, da er sein Ende kommen sah, war Sentaro fast gelähmt vor Angst. Mit letzter Kraft schrie er so laut er konnte nach Jofuku und bat erneut um Rettung.

Und siehe da, Sentaro wurde von seinen eigenen Schreien geweckt. Zunächst war er völlig verwirrt und in kaltem Schweiß gebadet. Dann wurde ihm bewusst, dass er während seines langen Gebets vor dem Schrein eingeschlafen war und dass er all die außergewöhnlichen und schrecklichen Abenteuer nur in seinen wilden Träumen erlebt hatte. Plötzlich kam ein grelles Licht auf ihn zu und in dem hellen Schein stand ein Bote. Dieser hielt ein Buch in seiner Hand und sprach zu Sentaro:

„Jofuku hat mich geschickt. Als Antwort auf dein Gebet hatte er dir erlaubt, das Land der Unsterblichkeit im Traum zu erleben. Doch du wurdest es leid dort zu leben und du batst darum, in dein Heimatland zurückkehren zu dürfen, damit du sterben kannst. Jofuku wollte dich prüfen. Und so erlaubte er dir, ins Meer zu fallen. Er schickte dann einen Hai, der dich verschlingen sollte. Doch dein Wunsch nach dem Tod war nicht echt, denn selbst in diesem Moment hast du laut um Hilfe geschrien. Es macht für dich auch keinen Sinn, ein Eremit zu werden oder das Elixier des Lebens zu finden, denn Leute wie du sind nicht bereit, den weltlichen Dingen zu entsagen. Du solltest nach Hause gehen und dort ein normales und fleißiges Leben führen. Versäume niemals, die Jahrestage deiner Vorfahren zu feiern und mache es dir zur Pflicht, für die Zukunft deiner Kinder zu sorgen. So kannst du bis ins hohe Alter leben und glücklich sein. Doch gib den vergeblichen Wunsch auf, dem Tod zu entkommen, denn niemand vermag dies. Sicher hast du mittlerweile herausgefunden, dass es auch dann kein Glück bringt, wenn einem ein selbstsüchtiger Wunsch gewährt wird. In diesem Buch findest du viele Regeln, die du kennen solltest. Wenn du sie verstehst und beachtest, wirst du auf dem rechten Weg durchs Leben geleitet werden."

Der Bote verschwand, nachdem er seine Ansprache beendet hatte. Sentaro nahm sich die Lektion zu Herzen. Mit dem Buch in der Hand kehrte er zurück in sein ursprüngliches Zuhause. Er gab all seine vergeblichen Wünsche auf und versuchte ein gutes und nützliches Leben zu führen, wobei er die Lektionen beachtete, die er in dem Buch gelesen hatte. Und so gediehen er und sein Haus fortan prächtig.

---

[1] Die erwähnte Prinzessin, Yamato-hime-no-mikoto 倭比売命, war die Tochter des Suinin-tennō 垂仁天皇, des 11. Kaisers von Japan. Der Legende nach regierte dieser von 29 v. Chr. bis 70 n. Chr. und wies bei seinem Tod das stattliche Alter von 139 Jahren auf. Gemäß einer Beschreibung im Nihonshoki 日本書紀 soll Yamato-hime-no-mikoto auf Anweisung ihres Vaters den Standort des Ise-Schreins 伊勢神宮 für die Sonnengöttin Amaterasu 天照 ausgewählt haben und dort zeitweise als Hauptpriesterin tätig gewesen sein.

[2] Shin-no-Shiko ist ein alternativer Name des ersten chinesischen Kaisers, der heute üblicherweise als Qin Shi Huang 秦始皇 bezeichnet wird. Der Begründer der Qin-Dynastie (221–207 v. Chr.) lebte von 259 bis 210 v. Chr. Ihm gelang es, die sechs Staaten Qi 齊, Chu 楚, Yan 燕, Han 韓, Zhao 趙 und Wei 魏 zu annektieren und damit das chinesische Kaiserreich erstmals zu vereinen. Er standardisierte das Schreibsystem, das Geld und die Maßeinheiten und errichteten eine Infrastruktur, die den raschen wirtschaftlichen und politischen Aufstieg Chinas ermöglichte. Viele Menschen hassten ihn, da er in seiner Regentschaft mit großer Brutalität vorging. Während seiner Amtszeit entging er mehreren Attentaten.

[3] Schon im ersten Jahr seiner Regentschaft, im Alter von 13 Jahren, initiierte Qin Shi Huang sein erstes bauliches Großprojekt. Am Fuß des Lishan-Berges 驪山 im Stadtbezirk Lintong 臨潼區, gut 40 km entfernt von Xi'an 西安, ließ er sein Mausoleum mit der dazugehörigen Terrakottaarmee erbauen. Mit einer Fläche von 60 Quadratkilometern gehört die Anlage zu den größten Grabbauten der Welt. Bis zu 700.000 Arbeiter sollen gleichzeitig am Bau beteiligt gewesen sein, der 36 Jahre andauerte. Im Jahre 220 v. Chr. begann der Bau der Großen Mauer 萬里長城, mit der die Nordgrenzen des chinesischen Reiches gegen marodierende Nomadenstämme abgesichert werden sollten. An diesem Großprojekt waren zeitweise 300.000 verur-

teilte Kriminelle und andere Zwangsrekrutierte beteiligt. Beim Tod Qin Shi Huangs maß die Mauer gut 4100 Kilometer. In der Hauptstadt Xianyang 咸陽市 entstanden im Zeitraum von 220 bis 210 v. Chr. auf Anordnung des Regenten mehr als 200 Paläste, Pavillons und Parks.

4 Nicht nur in chinesischen Quellen wird die Suche nach einem Lebenselixier beschrieben. In Japan findet sich im Man'yōshū 万葉集, das im 8. Jahrhundert in Nara entstand, die Beschreibung eines „Wassers der Verjüngung", ochimizu 変若水, das sich im Besitz des Mondgottes Tsukuyomi-no-mikoto 月読尊 befinden soll. In Indien wird im Rigveda ऋग्वेद, einer um 1000 v. Chr. entstandenen Sammlung vedischer Sanskrit- Hymnen, der Amrita-Nektar अमृत als lebensverlängerndes Getränk der hinduistischen Gottheiten beschrieben. Für Europa sei auf die angeblich verjüngende Wirkung des Steins der Weisen, *lapis philosophorum*, den der griechische Alchimist Zosimos aus Panopolis im 3. Jahrhundert erstmals beschreiben hat, hingewiesen sowie auf die Legende vom Heiligen Gral, die in der Artus-Saga des 12. Jahrhunderts ihren Ursprung hat.

5 Auslöser für Qin Shi Huangs ausgeprägte Todesangst waren vermutlich die Attentatsversuche, die er während seiner Regentschaft erleben musste. Er glaubte aber an die dauerhafte Besiegbarkeit des Todes und war fortan auf der Suche nach dem Elixier des ewigen Lebens. Drei Mal besuchte er selbst die Zhifu-Inseln 芝罘島 in der Provinz Shandong 山東, wo er den Trank zu finden glaubte. Später schickte er den Alchimisten Xi Fu 徐福 (siehe Anmerkung 6) mit 6000 Gefolgsleuten auf die Suche nach dem legendären Penglai-Berg 蓬萊仙島 (siehe Anmerkung 7). Dort sollte dieser den unsterblichen Magier Anqi Sheng 安期生 finden, von dem man sagte, er sei zu Lebzeiten Qin Shi Huangs bereits 1000 Jahre alt. Xi Fu kehrte niemals von seiner Expedition zurück, wohlwissend, dass ihn bei Misserfolg die Exekution erwartet hätte. Qin Shi Huang gab Unsummen an Staatsgeldern für Schamanen und Alchimisten aus, die das Lebenselixier für ihn brauen sollten. Meist war Quecksilber ein Bestandteil der Rezepturen, was den Gesundheitszustand des Herrschers ironischerweise zunehmend verschlechterte, statt ihm Unsterblichkeit zu bringen. Eine chronische Quecksilbervergiftung und die damit verbundene Schädigung des Nervensystems wird auch für seinen frühen Tod im Alter von 49 Jahren verantwortlich gemacht.

6 Jofuku 徐福 ist der japanische Name des chinesischen Gelehrten, Alchimisten und Entdeckers Xi Fu, der um 220 v. Chr. am chinesischen Hof tätig war. In den chinesischen Chroniken der drei Reiche 三國志 und im Hou Hanshu 後漢書 finden sich Hinweise auf eine mögliche Landung Jofukus in Japan als Endpunkt seiner Reise auf der Suche nach dem Elixier des ewigen Lebens. Einige chinesische und japanische Historiker vertreten die These, dass Xi Fu sich nach der Ankunft in Japan selbst zum ersten Kaiser, dem Jimmu-tennō 神武天皇, gekrönt hat.

[7] In dem klassischen chinesischen Text Shan Hai Jing 山海经 wird eine der legendären Inseln, von der man glaubte, dass dort die acht Unsterblichen 八仙 leben, als Penglai 蓬萊仙島 bezeichnet und im Ostchinesischen Meer 东海 verortet. In der japanischen Mythologie trägt dieser Ort den Namen Horaisan 蓬莱山. Der Legende nach soll Xi Fu alias Jofuku den Berg Fuji mit dem Horaisan gleichgesetzt haben. Der Begriff Horaisan findet auch bei der Gestaltung japanischer Gärten Anwendung. So werden dort Felsen bezeichnet, die nicht durch Brücken oder Pfade mit dem Rest des Gartens verbunden sind. Die isolierte Lage soll die Unzugänglichkeit für sterbliche Wesen symbolisieren.

[8] In der Stadt Shingū 新宮市 in der Provinz Wakayama 和歌山県 befindet sich unweit der Mündung des Kumano-Flusses 熊野川 der Asuka-Schrein 阿須賀神社. Er wurde an der Stelle erbaut, an der Jofuku erstmals japanischen Boden betreten haben soll. In Shingū befindet sich auch das Grab von Jofuku inmitten eines Parks 徐福公園. Dort soll er auf der Suche nach dem Lebenselixier die Pflanze Tendai Uyaku 天台烏薬, die den botanischen Namen *lindera strychnifolia* trägt, entdeckt haben. Diese wird auch heute noch in Anwendungen der traditionellen chinesischen Medizin gegen Magenbeschwerden und Alterungserscheinungen eingesetzt. Besucher des Jofuku-Parks können sich vor Betreten der Anlage chinesische Kleidung ausleihen und die Wirkung eines Tendai-Uyaku-Gebräus an sich selbst erproben.

[9] Im alten China symbolisierte der Kranich ein langes Leben. Im Taoismus herrscht der Glaube, dass die Seelen Verstorbener auf dem Rücken der Kraniche in das Jenseits getragen werden. Auch in Japan steht der Kranich 鶴 symbolisch für ein langes, glückliches Leben. Der Legende nach hat jemand, der 1000 Papierkraniche faltet, einen Wunsch an die Götter frei.

[10] Vom Kugelfisch Fugu 河豚 kann nur das Muskelfleisch gefahrlos verzehrt werden. In Haut, Leber und in den Eierstöcken befindet sich das Nervengift Tetradotoxin, dessen letale Dosis lediglich 10 µg/kg Körpergewicht beträgt. Bereits in dem ältesten chinesischen Kräuterbuch Shen-nung Pen-tsao Ching 神農本草經 wird die Gefährlichkeit des Kugelfisches erwähnt. In Japan wurde während der Muromachi-Zeit ein Verzehrverbot für Fugu erlassen, dessen schrittweise Aufhebung erst Ende des 19. Jahrhunderts einsetzte. In Osaka hielt sich das Verbot bis 1941. Die Spanische Fliege, *lytta vesicatoria,* ist tatsächlich keine Fliege, sondern ein Käfer. Dessen Körper wird zu einem Pulver vermahlen, das in verschiedenen Zubereitungen als Potenzmittel angeboten wird. Der Wirkstoff Cantharidin ist ein starkes Reizgift, das bereits bei Einnahme von 30 mg zu tödlichem Nierenversagen führen kann. Zubereitungen aus Spanischer Fliege wurden nicht nur als Aphrodisiakum, sondern auch als Gift bei Hinrichtungen und bei Mordanschlägen verwendet.

Die Dämonin von Adachigahara[1]

Vor langer, langer Zeit existierte in der Provinz Mutsu[2] ein ebener Landstrich, der Adachigahara[3] genannt wurde. In dieser Gegend soll eine menschenfressende Dämonin, die in Gestalt einer alten Frau auftrat, ihr Unwesen getrieben haben.[4] Immer wieder kam es vor, dass Durchreisende dort spurlos verschwanden. Abends erzählten sich die Frauen an den Holzkohlebecken[5] und morgens die jungen Mädchen am Dorfbrunnen schauderhafte Geschichten von Vermissten, die in die Hütte der Dämonin gelockt und von ihr verspeist worden waren. Das schreckliche Wesen lebte ausschließlich von Menschenfleisch. Niemand wagte es, sich dem verhexten Ort nach Sonnenuntergang zu nähern, und auch tagsüber bemühte man sich, die gefürchtete Gegend zu meiden und unbedarfte Reisende zu warnen.

Eines Tages verschlug es einen Priester, der sich auf der Durchreise verspätet hatte, bei Sonnenuntergang in diese Gegend.[6] Sein Gewand wies ihn als buddhistischen Pilger aus, der von Tempel zu Tempel ging, wo er um Segen betete oder um Vergebung der Sünden. Offensichtlich hatte er sich verirrt und, da es schon spät war, konnte er niemanden treffen, der ihn vor der drohenden Gefahr warnen und auf einen sicheren Weg geleiten konnte. Der Priester war müde und hungrig nach der langen Wanderung des Tages. Auch war es abends kühl im Spätherbst und so machte er sich Sorgen, ob es gelänge, in dieser einsamen Gegend eine Unterkunft für die Nacht zu finden. In der weiten Ebene, in die es ihn verschlagen hatte, suchte er vergeblich nach Anzeichen einer menschlichen Behausung. Endlich, nachdem er bereits einige Stunden herumgeirrt war, sah er in der Ferne einen kleinen Wald, und durch die Bäume erblickte er den Schimmer eines Lichtstrahls. Voll Freude rief er:

„Oh, das ist bestimmt ein Haus, in dem ich übernachten kann!"

Immer den Lichtschein im Blick behaltend schleppte der Priester seine müden, schmerzenden Füße so schnell er konnte auf die Stelle zu und kam bald zu einer armselig aussehenden kleinen Hütte. Diese war in einem ungepflegten Zustand, umgeben von Unkraut und hohem Gras, das durch die Lücken eines zerbrochenen Bambuszauns wucherte. Die Papierbespannung in den Fenstern und Türen[7] wies unzählige Löcher auf und die Pfosten des Hauses konnten das alte Strohdach kaum noch tragen, da sie sich im Laufe der Jahre verbogen hatten. Die Hütte war nicht verschlossen. Im Inneren saß, im Licht einer alten Laterne, eine alte Frau an einem Spinnrad. Durch den Bambuszaun rief der Priester ihr zu:

„Obasan[8], guten Abend! Ich bin ein Reisender! Entschuldigt bitte, ich habe mich verirrt und noch keinen Platz für die Nacht gefunden. Ich bitte Euch inständig darum, mich unter Eurem Dach zu beherbergen."

Als die alte Frau die Worte des Priesters hörte, hielt sie das Spinnrad an und stand auf, um sich dem Eindringling zu nähern.

„Das tut mir sehr leid. Ihr müsst in der Tat verzweifelt sein, verirrt in eine solch einsame Gegend und so spät in der Nacht. Leider kann ich Euch nicht helfen. Ich habe in meiner armseligen Hütte kein Bett und auch sonst keine Möglichkeit, einem Gast wie Euch Unterkunft für die Nacht zu gewähren!"

„Ach, das ist kein Problem", sagte der Priester, „alles was ich benötige ist ein Dach über dem Kopf. Wenn Ihr mir erlaubt, auf dem Küchenboden zu schlafen, wäre ich Euch zu großem Dank verpflichtet. Ich bin zu müde, um noch weiter zu wandern und so hoffe ich, dass Ihr mich nicht zurückweisen werdet. Andernfalls müsste ich im Freien schlafen, in der Kälte der Nacht."

So bedrängte der Priester die alte Frau, in der Hoffnung, sie doch noch zu überzeugen. Sie schien zunächst sehr unwillig, lenkte aber schließlich ein:

„Nun gut, Ihr könnt hierbleiben. Ich kann Euch keinen guten Empfang bereiten, aber kommt jetzt herein, und ich werde ein Feuer machen, denn die Nacht ist wirklich kalt."

Hocherfreut kam der Pilger ihrer Aufforderung nach. Er streifte seine Sandalen ab und betrat die Hütte. Sodann brachte die alte Frau ein paar Holzscheite, um das Feuer zu entfachen und bat ihren Gast, sich zu nähern und zu wärmen.

„Ihr müsst hungrig sein nach Eurer langen Wanderung", sagte sie. „Ich werde ein Abendessen für Euch zubereiten."

Dann betrat sie die Küche, um etwas Reis zu kochen. Nachdem der Priester das Essen eingenommen hatte, setzte sich die alte Frau zu ihm ans Holzkohlefeuer und sie unterhielten sich den ganzen Abend. Der Pilger war überglücklich, eine solch liebenswürdige und gastfreundliche alte Frau getroffen zu haben. Schließlich brannte das letzte Holz nieder, und als das Feuer erloschen war, begann der Mann vor Kälte zu zittern, genau so wie bei seiner Ankunft.

„Ich sehe, Ihr friert", sagte die alte Frau. „Ich gehe nach draußen, um Holz zu sammeln, wir haben schon all meine Vorräte verbraucht. Bleibt bitte hier und kümmert Euch um das Haus, während ich unterwegs bin."

"Nein, nein", sagte der Pilger, „lasst mich gehen. Ihr sind alt und ich kann nicht zulassen, dass Ihr in dieser kalten Nacht Holz für mich sammeln!"

Die alte Frau schüttelte den Kopf und sagte:

„Ihr müsst hierbleiben, Ihr seid mein Gast."

Dann kehrte Sie ihm den Rücken zu und verließ die Hütte. Doch kurz darauf kam sie zurück, um mahnende Worte zu sprechen:

„Bleibt dort sitzen, wo Ihr seid. Was immer auch passiert, betretet nicht das Hinterzimmer und schaut nicht hinein. Habt Ihr verstanden?"

„Wenn Ihr mir sagt, ich soll nicht in die Nähe des Hinterzimmers gehen, werde ich das natürlich beachten", antwortete der Priester ziemlich verwirrt.

Erneut ging die Frau nach draußen und ließ ihren Gast allein zurück. Nachdem das Feuer ausgegangen war, wurde das Innere der Hütte nur noch vom Schein einer schwachen Laterne beleuchtet. Zum ersten Mal in dieser Nacht spürte der Priester, dass er sich an einem seltsamen Ort befand, und die Worte der alten Frau – „Was auch immer Ihr tut, schaut nicht ins Hinterzimmer" – erregten zugleich seine Neugier und seine Angst. Was nur hatte sie dort versteckt, das er nicht sehen sollte? Die Erinnerung an sein Versprechen der alten Frau gegenüber hielt den Priester einige Zeit zurück. Schließlich übermannte ihn die Neugier und er beschloss, einen Blick in den verbotenen Raum zu werfen. Er erhob sich und ging langsam zum Hinterzimmer. Doch dann ließ ihn der Gedanke, dass die alte Frau sehr wütend auf ihn sein würde, wenn er ihren Anweisungen nicht folgte, an seinen Platz an der Feuerstelle zurückkehren.

Die Zeit verging und die alte Frau kehrte nicht zurück. Der Priester wurde immer ängstlicher und fragte sich erneut, was für ein schreckliches Geheimnis sich in dem Raum befinden könnte. Er muss es herausfinden.

„Wenn ich ihr nichts davon erzähle, wird sie es niemals erfahren. Ich werde nur einen kurzen Blick in das Zimmer werfen, bevor sie zurückkommt“, sagte der Mann zu sich selbst.

Mit diesen Worten erhob er sich und schlich heimlich zu dem verbotenen Ort. Mit zitternden Händen öffnete er die Schiebetür und sah in das Zimmer. Was er sah, ließ sein Blut in den Adern gefrieren. Der Raum war voller menschlicher Knochen. In einer Ecke reichte ein Stapel von Schädeln bis an die Decke, in einer anderen ein Haufen Armknochen, in der nächsten ein Haufen Beinknochen. Wände und Boden des Zimmers waren blutbespritzt. Der widerliche Geruch, der durch die geöffnete Tür strömte, ließ den Priester fast ohnmächtig werden. Er fiel nach hinten um und lag einige Zeit zusammengekauert auf dem Boden, ein erbärmlicher Anblick. Er zitterte am ganzen Körper und seine Zähne klapperten. Nicht einmal kriechend gelang es ihm, sich von dem fürchterlichen Versteck zu entfernen.

„Abscheulich!“, rief er aus. „An welch schrecklichen Ort hat es mich auf meiner Reise verschlagen? Möge Buddha mir helfen, sonst ich bin verloren. Kann es denn wirklich sein, dass diese freundliche alte Frau eine menschenfressende Dämonin ist? Wenn sie zurückkommt, wird sie ihren wahren Charakter zeigen und mich mit einem Bissen auffressen!“

Langsam kehrten die Kräfte des Priesters zurück. Er schnappte sich Hut und Stab und eilte aus dem Haus, so schnell ihn seine Beine tragen konnten. Tief in die Nacht rannte er, getrieben von dem Gedanken, sich so schnell wie möglich von der Bedrohung durch die Dämonin zu entfernen. Er war noch nicht weit gekommen, als eine Stimme hinter ihm rief:

„Halt! Halt!“

Er rannte weiter, verdoppelte seine Geschwindigkeit und tat so, als hätte er nichts gehört. Im Laufen hörte der Priester, dass die Schritte hinter ihm immer näher kamen. Die Stimme der alten Frau wurde lauter:

„Halt! Halt, Sie böser Mensch, warum habt Ihr einen Blick in den verbotenen Raum geworfen?“

Der Priester vergaß seine Müdigkeit und seine Füße rasten über den Boden, schneller als je zuvor. Die Angst gab ihm Kraft, denn er wusste, er wäre verloren, wenn die Dämonin ihn erreichen würde. Aus ganzem Herzen rief er immer wieder Buddha an:

„Namu Amida Butsu. Namu Amida Butsu."[9]

Die schreckliche alte Hexe hetzte hinter ihm her, mit fliegenden Haaren im Wind und einem Gesicht, das sich vor Wut in eine dämonische Fratze verwandelte. In ihrer Hand hielt sie ein großes blutbeflecktes Messer, noch immer kreischend:

„Halt! Halt!"

Endlich, als der fromme Mann das Gefühl hatte, nicht mehr weiterlaufen zu können, brach die Morgendämmerung an, und mit der Dunkelheit der Nacht verschwand das schreckliche Wesen.[10]

Der Priester war in Sicherheit. Er wusste jetzt, dass er der Dämonin von Adachigahara begegnet war, dessen Geschichte er oft gehört, aber nie für wahr gehalten hatte. Er glaubte fest daran, dass Buddha für seine wunderbare Rettung verantwortlich war. Als die Sonne aufging, holte er seine Gebetskette[11] heraus und senkte den Kopf, um erneut Gebete zu sprechen und sich aufrichtig zu bedanken. Dann machte er sich auf den Weg in einen anderen Teil des Landes, nur zu froh, den von der Dämonin heimgesuchten Ort endlich hinter sich zu lassen.

---

[1] Bereits der Waka-Dichter Taira no Kanemori 平兼盛, der im 10. Jahrhundert lebte, beschreibt in einem seiner Werke, dass die Gegend von Adachigahara von Dämonen heimgesucht wurde. Daraus schließen einige Historiker, dass die von Yei Theodora Ozaki erzählte Legende vor dieser Zeit entstanden ist. Es existieren einige regionale Varianten der Geschichte, unter anderem in Saitama 埼玉市, Morioka 盛岡市 und Uda 宇陀市. Auch ein Nō-Theaterstück von Zeami Motokiyo 世阿弥 元清 aus dem frühen 15. Jahrhundert, das den Titel Kurozuka 黒塚 trägt, basiert auf der Legende der Dämonin von Adachigahara. In der Edo-Zeit (1603–1868) wurde die Geschichte vom Kabuki-Theater adaptiert.

[2] Die historische Provinz Mutsu 陸奥国 existierte bis zum Jahr 1869. Im Nordosten von Japans Hauptinsel Honshū 本州 gelegen umfasste sie das Gebiet der heutigen Präfekturen Aomori 青森県, Fukushima 福島県, Iwate 岩手県 und Miyagi 宮城県.

[3] In der Stadt Nihonmatsu 二本松市 in der Provinz Fukushima liegt ein Gebiet, das Adachigahara 安達ヶ原 genannt wird. Es reicht vom östlichen Ufer des Abukama-Flusses 阿武隈川 bis zum Osthang des Adatara-Berges 安達太良山.

[4] Zur Dämonin von Adachigahara existiert noch eine weitere Legende. In dieser wird sie Onibaba 鬼婆 genannt. So werden in der Mythologie alte Frauen bezeichnet, die sich aufgrund eines Vergehens schlechtes Karma कर्मन् erworben haben und zur Strafe in eine Dämonin verwandelt wurden. Gemäß dieser zweiten Legende soll die Onibaba von Adachigahara ursprünglich den Namen Iwate 岩手 getragen haben und als Amme in einem adeligen Haushalt in der Kaiserstadt tätig gewesen sein. Die junge Prinzessin, die von Iwate versorgt und abgöttisch geliebt wurde, war von Geburt an unheilbar krank. Eine Wahrsagerin hatte Iwate vorhergesagt, dass die Leber aus dem Fötus einer schwangeren Frau dem Kind Heilung bringen würde. Iwate ließ ihr eigenes Kind, das gerade geboren war, am Hof ihres Herrn zurück und machte sich auf die Reise, um das Mittel zur Heilung zu besorgen. In Adachigahara angekommen ließ sie sich in einer höhlenartigen Behausung nieder, um auf eine Gelegenheit zu warten, die Leber eines Fötus zu erbeuten. So vergingen einige Jahre. Eines Tages erlaubte sie einem jungen Paar, bei sich zu übernachten. Als der junge Mann fortging, um Medikamente für seine hochschwangere Frau zu beschaffen, nutze Iwate diese Gelegenheit. Sie fesselte die Frau und öffnete ihren Leib mit einem langen Messer, um die Leber des Fötus herauszuschneiden. Dabei erlebte sie eine große Überraschung. Die Frau trug ein Schutzamulett. Es war dasselbe, das sie ihrer Tochter hinterlassen hatte, als sie den Hof ihres Herrn verließ. Die Frau, die sie getötet hatte, war niemand anders als ihre eigene Tochter. Vor Entsetzen verlor Iwate den Verstand. Fortan lauerte sie in ihrer Höhle Menschen auf, um deren Blut auszusaugen und ihr Fleisch zu essen. So hatte sich Iwate in die Dämonin Onibaba verwandelt. Motive aus dieser Legende finden sich in vielen Farbholzschnitten, unter anderem in solchen von Tsukioka Yoshitoshi 月岡 芳年 und Utagawa Kuniyoshi 歌川 国芳. Das Grab der Onibaba kann man heute in Nihonmatsu am Ufer des Abukama-Flusses, ganz in der Nähe des Adachigahara-Parks besuchen. Die Grabstätte wird „Schwarzer Hügel", Kurotsuka 黒塚, genannt. Nebenan liegt der Mayumisan Kanze-Tempel 真弓山観世寺. Dort können Besucher eine Statue der Onibaba besichtigen sowie die Höhle, in der sie gelebt und einen Teich, in dem sie ihr blutiges Messer gewaschen haben soll. In einer Vitrine wird dieses Messer und eine Schaufel ausgestellt, mit der sie der Legende nach ihre Opfer begrub. In den Andenkenläden werden „Bappy-chan"-Maskottchen verkauft, deren Gestalt von der Figur der Onibaba inspiriert ist.

[5] In traditionellen japanischen Wohnzimmern befindet sich in der Mitte Raumes ein Holzkohlebecken, Hibachi 火鉢, das als Heizung dient. Üblicherweise besteht dieses aus einem hölzernen Kasten mit Schubladen, in den ein Becken aus Kupfer einge-

lassen ist. Über dem Hibachi können die Hände erwärmt und Teewasser oder Sake erhitzt werden. Auch ist dies der Platz, an dem der Hausherr seine Gäste empfängt und bewirtet. Hibachi wurden erstmals in der Heian-Zeit (794–1185) erwähnt. Zu dieser Zeit konnten sich jedoch nur Adelige eine derartige Heizung leisten. Erst in der Edo-Zeit (1603–1868) waren Hibachi weit verbreitet, da nun für fast alle Bevölkerungsschichten ausreichend Holzkohle zu erschwinglichen Preisen zur Verfügung stand. Die Erwähnung der Holzkohlebecken in der vorliegenden Legende muss demnach im Laufe der Tradierung hinzugefügt worden sein.

[6] In Yei Theodora Ozakis Erzählung bleibt der Priester anonym. Auch erhält man dort keinerlei Informationen über die Datierung der Vorkommnisse. In einer alternativen Version der Legende, die im Mayumisan Kanze-Tempel in Nihon-matsu erzählt wird, sind weitere Details hierzu genannt. Bei dem Priester soll es sich um Tōkōbō Yūkei 東光坊宥慶 handeln, der sich im 8. Jahrhundert aus der im Süden Honshūs gelegenen historischen Provinz Kii 紀伊国, die Teile der heutigen Provinzen Wakayama 和歌山県 und Mie 三重県 umfasste, auf seine Wanderung in den Norden Japans begab.

[7] Die Erwähnung der papierbespannten Fenster und Türen wurde der vorliegenden Legende wohl im Laufe der Tradierung hinzugefügt. Architekturelemente aus papierbespannten Holzrahmen wurden zwar erstmals in China zur Zeit der östlichen Zhou-Dynastie (770–256 v. Chr.) beschrieben. In Japan werden bei der Konstruktion traditioneller japanischer Häuser jedoch erst seit der Kamakura-Zeit (1192–1333) Schiebetüren und Fenster aus Holzrahmen mit Papierbespannung verwendet, die man als Shōji 障子 oder Fusuma 襖 bezeichnet. Wegen der geringen Witterungsbeständigkeit muss die Papierbespannung dieser Bauelemente regelmäßig erneuert werden. Traditionell erfolgt dies am letzten Tag des Jahres.

[8] Die Anrede Obasan 小母さん wird in Japan für die eigene Tante oder für Frauen mittleren Alters verwendet.

[9] Die Anrufung „Namu Amida Butsu“ 南無阿弥陀仏 stammt aus dem Mahayana महायान, dem Buddhismus des großen Fahrzeugs. Sinngemäß bedeutet diese Rezitationsformel: „Voller Verehrung nehme ich Zuflucht zu Buddha Amida!“ Amida ist der japanische Name von Amitabha अमिताभ, dem Buddha des Grenzenlosen Lichtglanzes, und Amitayus अमितायुस्, dem Buddha des Grenzenlosen Lebens. Die Lehre des Amitabha-Buddhismus wird in China als Jingtu zong 淨土宗, „Schule des reinen Landes“, bezeichnet. In Japan gründete Hōnen 法然 im 12. Jahrhundert auf der Grundlage dieser Lehre die Jōdo-shū 浄土宗. Aus dieser entwickelte Shinran 親鸞 im 13. Jahrhundert die Jōdo-Shinshū 浄土真宗. Gemäß der Lehre dieser Schulen ist das wichtigste Anliegen Buddhas, alle Menschen zu retten, egal wie sündig oder ungläubig sie sind. Durch das wiederholte Sprechen der Rezitationsformel „Namu

Amida Butsu“ macht man sich die Verdienste Buddhas zu eigen und tilgt sein eigenes schlechtes Karma. Die Anrufung dient also nicht in erster Linie der Rettung aus einer misslichen Lage, sondern zur Vergebung der eigenen Sünden.

[10] In der von Yei Theodora Ozaki überlieferten Version der Legende bleibt das Schicksal der Dämonin offen. Gemäß der im Mayumisan Kanze-Tempel verbreiteten Version soll der buddhistische Priester durch Rezitation von Sutren einen Bodhisattva des Mitgefühls, Kannon Bosatsu 観音菩薩, herbeigerufen haben. Dieser tötete die Dämonin in einem exorzistischen Ritual. Ihr Körper soll danach von dem Priester im Kurotsuka beerdigt worden sein (siehe Anmerkung 4).

[11] Bei der klassischen buddhistischen Juzu 数珠 handelt es sich um eine Gebetskette mit 108 Perlen, die für die 108 Leidenschaften, Bonnō 煩悩, stehen, die einen Menschen an das Diesseits binden. Beim Gebet dienen die Perlen der Zählung der Anrufungen Buddhas, Nenbutsu 念仏.

Der Oger am Rashomon[1]

Vor langer, langer Zeit lebten die Einwohner von Kyoto in steter Furcht vor einem Oger[2], der allabendlich nach Einbruch der Dämmerung das Rashomon[3] heimsuchte, das Tor, das im Süden der Stadt lag. Dort ergriff der Unhold jeden, der vorbeikam. Diejenigen, die ihm in die Hände fielen, wurden nie wieder gesehen. Gerüchte machten die Runde, dass der Oger die unglücklichen Opfer nicht nur tötete, sondern auch verspeiste. Alle Menschen in der Stadt und in der Nachbarschaft hatten große Angst. Niemand wagte es, sich nach Sonnenuntergang dem Rashomon zu nähern.

Zu dieser Zeit lebte in Kyoto ein General namens Raiko, der für seine mutigen Taten gerühmt wurde. Vor einiger Zeit gelangte sein Name in alle Munde, als er am Oeyama in die Schlacht gegen eine Gruppe von Ogern zog, die dort mit ihrem Anführer hauste und an Stelle von Wein das Blut getöteter Menschen trank. General Raiko schlug sie alle in die Flucht, nachdem er den Anführer der Oger besiegt und ihm den Kopf abgetrennt hatte.

Dem heldenhaften Krieger folgte stets eine Gruppe treuer Ritter. Darunter waren fünf, die sich durch besondere Tapferkeit auszeichneten. Eines Abends, als die Ritter bei einem Festmahl saßen, bei dem sie Sake aus Reisschalen tranken und alle Arten von Fisch aßen – roh und gedünstet und gegrillt – und auf ihre Gesundheit und ihre Heldentaten anstießen, sagte Hojo, der erste Ritter, zu den anderen: „Habt ihr davon gehört, dass jeden Abend nach Sonnenuntergang ein Oger zum Rashomon kommt und dass er alle ergreift, die vorbeikommen?"

Watanabe[4], der zweite Ritter, antwortete ihm: „Erzähl keinen Unsinn! Die Oger wurden allesamt von unserem Anführer Raiko bei der Schlacht am Oeyama getötet! Selbst wenn einer der Oger entkommen wäre, würde er es nicht wagen, sich in dieser Stadt zu zeigen, denn er wüsste, dass unser tapferer Meister ihn sofort angreifen würde, wenn er wüsste, dass einer von ihnen noch lebt!"

„Glaubst du nicht, was ich sage? Hältst du mich für einen Lügner?"

„Nein, ich sage nicht, dass du lügst“, antwortete Watanabe, „ich denke nur, dass du von alten Frauen eine Geschichte gehört hast, der man keinen Glauben schenken muss.“

„Wenn du mir nicht glaubst, dann solltest du zum Tor gehen, um herauszufinden, ob die Geschichte stimmt“, antwortete Hojo.

Watanabe konnte den Gedanken nicht ertragen, dass sein Begleiter ihn für einen Feigling hielt, also antwortete er schnell und entschlossen: „Natürlich werde ich sofort dorthin gehen, um die Wahrheit herauszufinden.“ Unverzüglich legte Watanabe seine Rüstung an, setzte seinen großen Helm auf und schnallte sein langes Schwert um. Bevor er sich auf den Weg machte, forderte er seine Kameraden auf: „Gebt mir etwas mit, mit dem ich beweisen kann, dass ich dort war!“

Einer der Männer holte eine Schachtel mit Tusche und Pinseln sowie einen Bogen Papier, auf den die vier Kameraden ihren Namen schrieben. „Ich werde das Papier mitnehmen und an das Tor heften“, sagte Watanabe, „dann könnt ihr morgen früh dorthin gehen und es euch ansehen. Bis dahin werde ich vielleicht schon ein oder zwei Oger erwischt haben!“ Dann stieg er auf sein Pferd und ritt tapfer davon.[5]

Die Nacht war dunkel, kein Mond und keine Sterne wiesen Watanabe den Weg. Dann kam auch noch ein Sturm auf, der Regen prasselte nieder und der Wind heulte wie die Wölfe in den Bergen. Jeder gewöhnliche Mensch wäre bei dem Gedanken erschaudert, sich unter diesen Bedingungen im Freien aufzuhalten. Doch Watanabe war ein tapferer, unerschrockener Krieger. Seine Ehre und sein Wort standen auf dem Spiel. Also raste er in die Nacht, während seine Gefährten dem leiser werdenden Klang der Pferdehufe lauschten. Sie schlossen die Schiebetüren ihrer Behausung, versammelten sich um das Holzkohlefeuer und spekulierten über den Ausgang des Unternehmens – ob ihr Kamerad wohl einem dieser schrecklichen Oni[6] begegnen würde?

Als Watanabe schließlich das Rashomon erreichte, konnte er in der Dunkelheit der Nacht kein Anzeichen eines Ogers sehen. „Genauso wie ich dachte“, sagte Watanabe zu sich selbst, „natürlich gibt es hier keine Oger, das ist nur eine Geschichte, die sich alte Frauen erzählen. Ich werde jetzt das Papier an das Tor heften, so dass die anderen morgen früh sehen können, dass ich hier war. Dann reite ich zurück und lache sie alle aus." Und so befestigte er den Zettel, den seine vier Kameraden unterschrieben hatten, am Tor und lenkte sein Pferd auf den Weg nach Hause. Plötzlich merkte er, dass jemand hinter ihm war, und gleichzeitig rief ihm eine Stimme zu, er solle warten. Dann wurde sein Helm von hinten ergriffen.

„Wer bist du?", fragte Watanabe furchtlos. Dann griff er tastend nach hinten, um herauszufinden, wer oder was ihn am Helm festhielt. Dabei berührte er etwas, das sich wie ein Arm anfühlte – es war mit Haaren bedeckt und so groß wie ein Baumstamm! Watanabe wusste sofort, dass dies der Arm eines Ogers war. Er zog sein Schwert[7] und hieb nach dem Angreifer. Vor Schmerzen schreiend warf sich der Oger vor den Krieger. Watanabes Augen weiteten sich vor Staunen, denn er sah, dass der Oger riesig war, größer noch als das mächtige Stadttor. Die Augen des Monsters blitzten wie Spiegel im Sonnenlicht, sein riesiger Mund war weit geöffnet, und als es atmete, schossen Feuerflammen aus seinem Maul. Der Oger glaubte, er könne seinen Gegner auf diese Weise erschrecken, doch Watanabe blieb davon unbeeindruckt. Er griff den Unhold mit all seiner Stärke an, und so kämpften sie längere Zeit von Angesicht zu Angesicht. Schließlich entschied sich der Oger zur Flucht, als er einsah, dass er den Ritter weder erschrecken noch im Kampf besiegen konnte.

Watanabe war entschlossen, das Monster nicht entkommen zu lassen, und so spornte er sein Pferd an, um sich auf die Verfolgung zu machen. Doch obwohl er mit hoher Geschwindigkeit ritt, war er nicht in der Lage, den noch schnelleren Oger einzuholen, der allmählich außer Sichtweite geriet. Der Ritter kehrte zu dem Tor zurück, an dem der heftige Kampf stattgefunden hatte, und stieg von seinem Pferd. Dabei stolperte er über etwas, das auf dem Boden lag. Als er sich bückte, um den Gegenstand aufzuheben, stellte er fest, dass es einer der riesigen Arme des Ogers war, den er wohl während des Gefechts durch einen Schwerthieb vom Rumpf getrennt hatte. Über diesen Lohn für seinen Kampf freute sich Watanabe sehr, war es doch der beste aller Beweise für sein Abenteuer mit dem Oger. Vorsichtig nahm er den abgeschlagenen Arm auf und trug ihn als Trophäe seines Sieges nach Hause. Als er dort ankam, zeigte er den Arm seinen Kameraden, die ihn allesamt als Helden feierten und ein Fest zu seinen Ehren veranstalteten.

Die heldenhafte Tat des Ritters sprach sich bald im ganzen Umland von Kyoto herum. Menschen von nah und fern kamen, um den Arm des Monsters zu sehen. Watanabe fühlte sich zunehmend unwohl, denn er wusste, dass der Oger, dem das abgeschlagene Glied gehörte, immer noch am Leben war. Er war sicher, dass er eines Tages zurückkehren würde, um sich seinen Arm zurückzuholen. Der Ritter fertigte eine Truhe aus dem stärksten Holz, das er bekommen konnte und sicherte diese zusätzlich mit starken Bändern aus Eisen.[8] Dort hinein legte er den Arm und beschloss, sie niemals mehr für irgendjemanden zu öffnen. Er bewahrte die Truhe in seinem Schlafgemach auf und ließ sie nicht mehr aus den Augen.

Eines Nachts hörte Watanabe jemanden an die Veranda klopfen. Als sein Diener zur Tür ging, um zu sehen, wer Einlass begehrte, stand dort eine ältere Frau, die einen ehrbaren Eindruck machte. Auf die Frage, wer sie sei und was sie im Haus des Ritters wolle, antwortete die Greisin lächelnd, dass sie sich vor vielen Jahren als Amme um den Hausherrn gekümmert hatte, als dieser noch ein kleines Baby war.[9] Wenn er denn zu Hause wäre, würde sie darum bitten, ihn sehen zu dürfen. Der Diener ließ die alte Frau am Eingang zurück und informierte seinen Herrn, dass seine frühere Amme gekommen war, um ihn zu sehen. Watanabe fragte sich zwar, warum sie zur Nachtzeit erschienen war, aber bei dem Gedanken an seine alte Amme, die ihn liebevoll wie eine Pflegemutter betreut und die er so lange nicht gesehen hatte, regten sich zarte Gefühle in seinem Herzen. Er wies seinen Diener an, sie hereinzubringen.

Die alte Frau wurde in den Raum geführt, und nachdem das übliche Begrüßungszeremoniell vorüber war, sagte sie: „Verehrter Herr, der Bericht über Euren mutigen Kampf mit dem Oger am Rashomon hat sich so weit verbreitet, dass sogar Eure arme alte Amme davon gehört hat. Stimmt es wirklich, was die Leute sagen, dass Ihr einem Oger die Arme abgeschlagen habt? Wenn Ihr dies getan habt, gebührt Euch das höchste Lob!"

„Leider", sagte Watanabe, „ist es mir nicht gelungen, das Monster gefangen zu nehmen, denn das wollte ich eigentlich tun, anstatt ihm nur einen Arm abzuschlagen!"

„Mich erfüllt der Gedanke mit großem Stolz, dass mein Herr so tapfer war, dem Oger im Kampf einen Arm abzuschlagen. Euer Mut ist unvergleichlich", antwortete die Greisin. „Bevor ich sterbe ist mein größter Wunsch, diesen Arm einmal zu sehen“, fügte sie flehend hinzu.

„Nein“, sagte Watanabe, „es tut mir leid, ich kann Ihnen den Wunsch nicht erfüllen.“

„Aber warum nur?“, fragte die Greisin.

„Weil Oger rachsüchtige Wesen sind“, antwortete Watanabe, „und wenn ich die Truhe für Sie öffnen würde, könnte ein Oger erscheinen, um sich den Arm zurückzuholen. Ich habe mit Absicht eine Truhe mit besonders starkem Deckel anfertigen lassen. In dieser verwahre ich den Arm des Ogers und ich zeige ihn niemandem, egal was auch passiert.“

„Eure Vorsichtsmaßnahme ist sehr vernünftig“, sagte die alte Frau, „aber ich bin Eure alte Amme, also werdet Ihr Euch sicher nicht weigern, mir den Arm zu zeigen. Ich habe gerade erst von Eurer mutigen Tat gehört und konnte nicht bis zum Morgen warten, und so kam ich unverzüglich, um Euch zu bitten, mir den Arm zu zeigen.“

Watanabe rang mit sich, als er die Argumente der alten Frau hörte, aber er wollte hart bleiben.

Dann sagte die Greisin: „Haltet Ihr mich etwa für eine Spionin, die von dem Oger geschickt wurde?“

„Nein, natürlich glaube ich nicht, dass Sie eine Spionin des Unholds sind, denn Sie sind doch meine alte Amme“, antwortete Watanabe.

„Dann könnt Ihr mir den Blick auf den Arm des Ogers nicht länger verweigern!“, appellierte die alte Frau, „denn dies ist doch mein größter Herzenswunsch.“

Watanabe konnte das Flehen der Greisin nicht länger ertragen, also gab er nach und sagte: „Wenn Sie sich das so sehr wünschen, werde ich Ihnen den Arm des Ogers zeigen. Kommen Sie, folgen Sie mir!“ Er ging voran in sein Schlafgemach und die alte Frau folgte ihm auf den Fuß. Nachdem sie den Raum betreten hatten, schloss Watanabe die Tür und ging zu der großen Truhe, die in einer Ecke des Raumes stand. Vorsichtig nahm er den schweren Deckel ab. Dann rief er die alte Frau und bat sie näherzukommen. Doch er ließ den Arm des Ogers in der Truhe.

„Wie sieht er aus? Lasst mich ihn aus nächster Nähe betrachten“, sagte die alte Amme voller Vorfreude.

Langsam und vorsichtig näherte sie sich, bis sie direkt vor der Truhe stand. Plötzlich langte sie hinein, ergriff den Arm und schrie mit schrecklicher Stimme, die den Raum erbeben ließ: „Welch eine Freude! Ich habe meinen Arm zurück!“ Im selben Moment wurde der Körper der alten Frau in die Gestalt eines riesigen Ogers verwandelt!

Watanabe sprang zurück und verharrte für einen Moment regungslos vor Erstaunen. Als er den Oger wiedererkannte, der ihn am Rashomon angegriffen hatte, nahm er allen Mut zusammen, um sein Werk zu vollenden und dem schrecklichen Monster den Garaus zu machen. Er ergriff sein Schwert, zog es blitzschnell aus der Scheide und versuchte, den Unhold niederzustrecken. Watanabe war so schnell, dass die Kreatur nur knapp entkommen konnte. Mit einem mächtigen Satz sprang der Oger an die Decke, durchbrach das Dach und verschwand in den Wolken. So konnte er mit seinem Arm entkommen. Mit knirschenden Zähnen wandte sich Watanabe enttäuscht ab. Nun musste er geduldig auf die nächste Gelegenheit warten, um die Kreatur ins Jenseits zu befördern. Doch der Oger fürchtete sich vor Watanabes Wagemut und Stärke und so bereitete er Kyoto nie wieder Sorgen. Endlich konnten die Bewohner der Stadt auch nachts wieder ohne Angst ausgehen, und die Taten des tapferen Ritters Watanabe gerieten niemals in Vergessenheit!

---

[1] Die Geschichte vom Oger am Rashomon spielt zu Beginn des 11. Jahrhunderts. Vermutlich ist die Legende noch in der Heian-Zeit (794–1185) entstanden. Sie findet sich erstmals in dem Heike Monogatari 平家物語, das im 14. Jahrhundert niedergeschrieben wurde, später auch im Taiheiki 太平記, im Genpei Seisuiki 源平盛衰記 und im Otogi-zōshi 御伽草子. Aus der Muromachi-Zeit (1385–1573) stammt eine Noh-Adaption des Themas von Kanze Kojiro Nobumitsu 観世 小次郎 信光, das den Namen Rashomon trägt. In der Meiji-Periode (1868–1912) wurde die Legende auch für das Kabuki-Theater adaptiert. Das Schauspiel Ibaraki 茨木, das von Motuami Kawatake 河竹黙阿弥 verfasst wurde, feierte im Jahre 1883 am Shintomi-za-Theater 新富座 in Tokyo Premiere. Auch der Horrorfilm Kuroneko 黒猫 des japanischen Regisseurs Kaneto Shindō 新藤 兼人 aus dem Jahre 1964 ist von der Legende des Ogers am Rashomon inspiriert.

[2] Oger findet man in der westlichen Mythologie als menschenfressende, riesenhaften Gestalten, wie Polyphemus in Homers Odyssee oder Grendel in dem angelsächsischen Heldengedicht Beowulf. Der Begriff Oger, der von dem französischen „Ogre" abgeleitet ist, wurde im deutschsprachigen Raum erst durch den Filmhelden Shrek populär, der im Jahre 2001 erstmals auf der Leinwand erschien.
In anderen Versionen der Legende vom Oger am Rashomon trägt dieser den Namen Ibaraki-dōji 茨木童. Er war der wichtigste Gefolgsmann von Shuten-dōji 酒呑童子, dem Anführer einer Oger-Bande, (siehe die Erzählung „Der Dämon am Oeyama"). Einer anderen Legende nach wurde Ibaraki-dōji nach achtzehnmonatiger Schwangerschaft mit Zähnen und der Fähigkeit zu Laufen geboren. Seine Eltern verstießen ihn. Nachdem er von einem Barbier adoptiert worden war, erlernte er dessen Beruf. Beim Rasieren fügte er seinen Kunden absichtlich Schnitte zu und fand Gefallen am Geschmack menschlichen Blutes. Er floh in die Berge im Norden der Stadt Ibaraki und verwandelte sich dort in einen Oger.

[3] An der Kreuzung der Straßen Kujō 九条通り und Senbon 千本通 im Stadtbezirk Minami-ku 南区 im Süden Kyotos, ganz in der Nähe des Tempels Tō-ji 東寺, findet man heute einen Gedenkstein, der auf das Festungstor Rajōmon 羅城門 hinweist. Hier stand in der ersten Hälfte der Heian-Zeit das 32 Meter breite und 21 Meter hohe Tor, das den Zugang zum befestigten Stadtgebiet ermöglichte. Es soll bereits im Jahre 789 erbaut worden sein. In der Anfangszeit hatte es eine hohe Bedeutung als Repräsentationsbau, insbesondere beim Besuch von Gesandtschaften aus Korea. Doch mit der Zeit wurde es vernachlässigt und nicht länger instandgehalten. Nachdem es im Jahre 980 zum zweiten Mal einstürzt war, wurde es nicht wieder aufgebaut. Ein Modell des Tores kann man in der Nähe des Bahnhofs von Kyoto besichtigen.
In den Legenden aus der Heian-Zeit bis hinein in die moderne Literatur war das Rajōmon ein Symbol für den moralischen Zerfall der Gesellschaft – ein zwielichtiger Ort, der von Dieben und Mördern heimgesucht wurde. In der westlichen Welt wurde der Begriff Rashomon 羅生門 bekannt durch die gleichnamige Novelle von Ryūnosuke Akutagawa 芥川 龍之介 aus dem Jahre 1915 und vor allem durch den 1950 veröffentlichten Film von Akira Kurasawa 黒沢明, der den gleichen Titel trug.

[4] Zu Watanabe no Tsuna 渡邊綱 siehe Anmerkung 9 in „Der Dämon am Oeyama".

[5] Pferde wurden in Japan seit dem 4. Jahrhundert zur Kriegsführung eingesetzt. Es war ein Privileg hochrangiger Samurai, auf Pferden in die Schlacht zu reiten. Zunächst wurden Sättel nach chinesischem Vorbild verwendet, die in der Heian-Zeit durch eigenentwickelte Samurai-Sättel, Kura 鞍, ersetzt wurden. Diese ermöglichten einen besonders guten Halt für Bogenschützen. Die japanischen Pferde waren klein und langsam. Erst im 17. Jahrhundert brachten die Holländer über den Handelsstützpunkt Deshima 出島 größere Pferde nach Japan, die bei den Samurai sehr

begehrt waren. Nach der Einführung von Schusswaffen ging die Bedeutung der Pferde für die Kriegsführung zurück.

[6] In Japan werden Oger als Oni 鬼 bezeichnet. Diese gehen auf die Rakshasa-Dämonen राक्षस aus der indischen Mythologie zurück, die mit der Verbreitung des Buddhismus Eingang in die japanische Mythologie gefunden haben. Die Oni werden meist mit roter, brauner oder blauer Hautfarbe, einem grimmigen Gesicht und zwei Hörnern auf ihrem Kopf dargestellt.

[7] Watanabe no Tsuna war im Besitz eines der berühmtesten Schwerter in der frühen Geschichte der Samurai. Es trug ursprünglich den Namen Sun-nashi 寸無. Gefertigt hatte es der Waffenschmied Munechika Sanjō 三条 宗近 für seinen ersten Besitzer Minamoto no Mitsunaka 源満仲, den Schwiegervater von Watanabe no Tsuna. Nach den Ereignissen am Rashomon soll das Schwert der Legende nach in „Dämonenschneider", Onikiri 鬼切, umbenannt worden sein. Später, während des Genpai-Krieges 源平合戦 (1180–1185), gelangte die Waffe in den Besitz von Minamoto no Yoritomo 源頼朝, dem Begründer des Kamakura-Shōgunats 鎌倉幕府.

[8] Andere Versionen der Legende sagen, dass die Truhe zusätzlich durch Bemalen mit heiligen Symbolen und Anbringen von Schutzamuletten gesichert wurde.

[9] In Yei Theodora Ozakis Erzählung vom Oger am Rashomon bleibt die Amme anonym. In anderen Versionen der Legende und in dem Kabukistück Ibaraki trägt sie den Namen Mashiba 真柴.

Der Bauer und der Tanuki[1]

Vor langer, langer Zeit lebte ein alter Bauer mit seiner Frau in einem einsamen Gehöft in den Bergen, weit entfernt von der nächstgelegenen Stadt. Ihr einziger Nachbar war ein böser, heimtückischer Tanuki.[2] Jede Nacht kam das Wesen aus seinem Bau, um zur Farm des Bauern zu laufen, wo er den sorgsam angebauten Reis und das Gemüse plünderte und die Felder verwüstete. Mit der Zeit wurde der Tanuki immer rabiater in seinem bösartigen Tun. Der gutmütige Bauer konnte nicht länger mitansehen, wie sein Besitz zerstört wurde. Nun wollte er dem Treiben ein Ende setzen. Bewaffnet mit einem mächtigen Knüppel legte er sich Tag und Nacht auf die Lauer, um dem Tanuki das Handwerk zu legen. Doch dieser zeigte sich nicht.

Als nächstes stellte der Bauer Fallen auf, um das boshafte Wesen zu fangen. Schließlich wurde die Geduld des Mannes belohnt. Eines schönen Tages fand er den Tanuki beim Kontrollgang in einer Grube, die er kurz zuvor zu diesem Zweck ausgehoben hatte. Hoch erfreut, seinen Feind nun doch geschnappt zu haben, fesselte er ihn mit einem langen Seil und nahm ihn mit nach Hause. Als er dort ankam, sagte der Bauer zu seiner Frau:

„Endlich habe ich den Tanuki gefangen. Du musst ein Auge auf ihn werfen, während ich bei der Arbeit bin. Lass ihn nicht entkommen, denn ich will ihn heute Abend zu Suppe verarbeiten."

Nachdem er dies gesagt hatte, hängte er das gefesselte Wesen an den Dachsparren seines Lagerhauses auf und ging aufs Feld zur Arbeit. Der Tanuki war nun in großer Not. Die Vorstellung, am Abend als Suppe zu enden, behagte ihm gar nicht. Lange dachte er darüber nach, wie er aus der misslichen Lage entkommen konnte. Doch da er kopfüber hing, fiel es ihm schwer, klare Gedanken zu fassen.

Ganz in der Nähe des Tanuki, am Eingang des Lagerhauses, stand die Frau des Bauern, die nach draußen auf die grünen Felder, die saftigen Bäume und den herrlichen Sonnenschein blickte und dabei Gerste drosch. Sie sah müde und alt aus. Ihr Gesicht war von Falten übersät, die Haut braun wie Leder. Hin und wieder unterbrach sie ihre Arbeit, um sich den Schweiß von der Stirn zu wischen.

„Gute Frau", sprach der gerissene Tanuki, „Sie müssen es leid sein, solch schwere Arbeit noch ihrem hohen Alter ausführen zu müssen. Kann ich das nicht für Sie erledigen? Ich habe starke Arme und könnte Sie für einige Zeit von den Mühen entlasten!"

„Vielen Dank für das freundliche Angebot", sagte die alte Frau, „aber ich kann nicht zulassen, dass Sie diese Arbeit für mich erledigen. Ich darf Sie nicht losbinden, denn dann könnten Sie entkommen und mein Mann würde wütend werden, wenn er nach Hause kommt und sieht, dass Sie geflohen sind."

Nun ist der Tanuki das durchtriebenste aller Tierwesen und so fuhr er mit betrübter aber freundlicher Stimme fort:

„Sie sind herzlos. Sie könnten mich losbinden, wenn ich verspreche, keinen Fluchtversuch zu unternehmen. Wenn Sie Angst vor Ihrem Mann haben, dann könnten Sie mich wieder festbinden, wenn ich die Gerste fertig gedroschen habe, noch bevor Ihr Gatte von den Feldern zurückkehrt. Ich bin erschöpft und schon ganz wund, so wie ich hier hänge. Wenn Sie mich nur für eine kurze Zeit herunterlassen, wäre ich Ihnen zu großem Dank verpflichtet!"

Die alte Frau hatte ein schlichtes Gemüt. Sie konnte sich nicht vorstellen, dass der Tanuki sie einfach nur täuschen wollte, um zu entkommen. Außerdem tat ihr das Wesen leid, wenn sie es nur anblickte. Der Tanuki sah erbarmungswürdig aus, wie er kopfüber unter den Dachsparren hing, an den Beinen gefesselt, so eng, dass das Seil in die Haut schnitt. Mit der Güte ihres Herzens, im Glauben an das Versprechen des Tanuki, nicht zu fliehen, band sie ihn los und setzte ihn auf den Boden. Die Bäuerin reichte dem Befreiten den hölzernen Dreschflegel und bat ihn, ihre Arbeit zu erledigen, während sie sich ausruhte. Der Tanuki nahm das Werkzeug, doch anstatt die ihm aufgetragene Arbeit auszuführen, streckte er die Frau mit einem kräftigen Schlag nieder. Dann tötete er sie, um ihren alten Körper zu zerlegen und zu einer Suppe zu verarbeiten. So wartete er auf die Rückkehr des Bauern.

Der alte Mann hatte den ganzen Tag über hart auf den Feldern gearbeitet und sich dabei an dem Gedanken erfreut, dass es ihm endlich gelungen war, dem zerstörerischen Tanuki das Handwerk zu legen. Bei Sonnenuntergang legte er die Arbeit nieder und begab sich auf den Weg nach Hause. Er war sehr müde, doch der Gedanke an das Abendessen mit der heißen Tanukisuppe munterte ihn auf. Dass der Gefangene sich befreit und an der alten Frau gerächt haben könnte, kam ihm nicht in den Sinn.

In der Zwischenzeit hatte der Tanuki die Gestalt der Bäuerin angenommen.[3] Zur Begrüßung ging er nach draußen auf die Veranda des kleinen Hauses, als der alte Mann sich näherte.

„Endlich bist du zurück. Ich habe lange auf dich gewartet und schon die Tanukisuppe für dich gekocht."

Rasch streifte der Bauer seine Strohsandalen ab und setzte sich vor das kleine Tablett, das für das Abendessen vorbereitet war. Der arglose Mann wäre niemals auf den Gedanken gekommen, dass nicht seine Frau, sondern der Tanuki ihn erwarten würde. Als er nach der Suppe fragte, verwandelte die Kreatur sich in ihre ursprüngliche Gestalt zurück und schrie:

„Du frauenfressender alter Narr! Geh in die Küche und schau dir die Knochen an!"

Laut und spöttisch lachend flüchtete der Tanuki aus dem Haus und rannte zu seinem Bau in den Bergen. Der alte Mann blieb konsterniert zurück. Er konnte kaum glauben, was er gesehen und gehört hatte. Als ihm die ganze Wahrheit bewusst wurde, war er so entsetzt und verstört, dass er unverzüglich ihn Ohnmacht fiel.

Nachdem der alte Mann das Bewusstsein wiedererlangt hatte, brach er in Tränen aus. Er weinte laut und bitterlich. In seinem Kummer schaukelte er seinen Körper hin und her. Das alles schien zu furchtbar, um wahr zu sein. Er konnte nicht glauben, dass seine treue Ehefrau von dem Tanuki getötet und gekocht worden war, während er in aller Ruhe auf den Feldern seiner Arbeit nachging, nicht wissend, was zu Hause passierte und in der trügerischen Gewissheit, das Problem des zerstörerischen Tanuki ein für alle Mal gelöst zu haben. Und oh! Der schreckliche Gedanke. Fast hätte er die Suppe gegessen, die die Kreatur aus seiner armen alten Frau zubereitet hatte. „Oh je, oh je, oh je!" jammerte er laut.

In der bergigen Gegend, nicht weit entfernt, lebte ein gutmütiger, stets freundlicher alter Hase. Als dieser den Bauern weinen und schluchzen hörte, machte er sich auf den Weg, um zu sehen, was passiert war und dem

Nachbarn seine Hilfe anzubieten. Der alte Mann berichtete ihm von den Geschehnissen. Als der Hase dies hörte, stieg in ihm eine große Wut über den bösen und heimtückischen Tanuki auf. Er bat den Bauern, ihm die Angelegenheit zu überlassen und versprach, den Tod der alten Frau zu rächen. Das Mitgefühl des Hasen tröstete den Bauern ein wenig. Während er sich die Tränen vom Gesicht wischte, dankte er dem Nachbarn für sein Kommen und für das Angebot zur Hilfe in der Not. Als der Hase sah, dass der Bauer sich beruhigt hatte, begab er sich zurück nach Hause, um einen Plan zur Bestrafung des Tanuki zu entwickeln.

Am nächsten Tag machte sich der Hase bei herrlichem Wetter auf den Weg, um den das bösartige Wesen zu suchen. Weder in den Wäldern noch am Berghang oder auf den Feldern konnte er den Tanuki finden. Schließlich entdeckte er ihn in seinem Bau, wo er sich die ganze Zeit seit seiner Flucht versteckt hielt, da er den Zorn des Bauern fürchtete. Der Hase rief:

„Warum sitzt du in deinem dunklen Bau an einem solch herrlichen Tag? Komm doch mit mir, wir gehen zu den Wiesen am fernen Berghang und holen uns von dort das leckere Gras."

Da der Tanuki an die freundschaftlichen Absichten des Hasen glaubte, wollte er sich ihm gerne anschließen, auch deshalb, weil er sich so vom Hof des Bauern entfernen konnte, den er nun gar nicht treffen mochte. Der Hase führte seinen Begleiter in eine Gegend, viele Kilometer entfernt von ihren Behausungen, an einen Platz, wo sie hohes, dickes, süßes Gras erwartete. Die beiden schnitten so viel Gras von den Wiesen, wie sie als Wintervorrat benötigten. Nachdem sie ihre Beute mit einem Seil zusammengebunden hatten, machten sie sich auf den Weg nach Hause, jeder ein Bündel auf dem Rücken tragend.

Der Hase sorgte dafür, dass sein Begleiter vorweg ging, um nach kurzer Stecke unbemerkt einen Feuerstein und ein Stück Metall hervorzuholen. Im Nu hatte er das Grasbündel auf dem Rücken des Tanuki angezündet. Als dieser das Geräusch des Flintsteins auf dem Metall hörte, erkundigte er sich:

„Was war das für ein Geräusch. ‚Knister, knister'?"

„Oh, das ist nichts weiter", antwortete der Hase, „ich sagte nur ‚knister, knister', weil der Berg an dem wir uns befinden *knisternder Berg*[4] heißt."

Schon bald griff das Feuer von dem Gras auf das Fell des Tanuki über. Dieser fragte besorgt:

„Was ist das?“

"Jetzt sind wir an dem *brennenden Berg* angekommen", antwortete der Hase.

Zu diesem Zeitpunkt war das ganze Gras und auch das Fell auf dem Rücken des Tanuki bereits verbrannt. Am Geruch erkannte dieser, was passiert war. Laut schreiend vor Schmerz lief er zu seinem Bau zurück, so schnell er eben konnte. Dort fand ihn der Hase wenig später auf seinem Lager liegend, laut stöhnend vor Schmerzen.

„Was bist du doch für ein Pechvogel!", sagte der Hase, „ich weiß nicht, wie das passieren konnte! Ich besorge dir eine Medizin, die deinen verletzten Rücken rasch heilen wird!“

Freudig lächelnd machte der Hase sich auf den Weg nach Hause, erfüllt von tiefer Befriedigung, dass die Bestrafung des Tanuki nun in vollem Gange war. Letztendlich wünschte er sich den Tod des bösartigen Wesens, denn keine Strafe konnte hart genug sein für jemanden, der eine hilflose alte Frau getötet hatte. In seinem Bau angekommen bereitete der Hase eine Wundsalbe, die zu großen Teilen aus Chilipulver bestand. Diese brachte er sogleich zu dem Tanuki und versicherte diesem, dass der große Schmerz, den er gleich verspüren würde, heilsam sei, da die Salbe die Wunde ausbrennen und ausätzen würde. Der Tanuki bedankte sich herzlich und bat den Hasen, die Salbe unverzüglich anzuwenden.

Es gibt keine Worte, mit denen man die Qual beschreiben kann, die der Tanuki durch die Anwendung der Salbe erleiden musste. Immer wieder wälzte er sich hin und her, wobei er laut aufheulte. Für den Hasen war der nächste Schritt getan, um die alte Frau zu rächen. Doch schließlich heilten die Brandwunden und die Verletzungen durch die Chili-Salbe, nachdem der Tanuki fast einen Monat im Bett geruht hatte. Als der Hase dies sah, entwarf er einen neuen Plan, um die verhasste Kreatur zu töten.

Eines Tages besuchte der Hase den Tanuki, um ihm zur Genesung zu gratulieren. Während des Treffens erzählte er von seiner Absicht, auf Fischfang zu gehen. Dabei schwärmte er vom schönen Wetter und der ruhigen See. Der Tanuki hörte vergnügt zu und vergaß all die Leiden, die ihn einem Monat lang geplagt hatten. Unbedingt wollte er den Hasen beim nächsten Mal zum Fischfang begleiten. Das war nun genau das, was der Hase wollte und so lud er den Tanuki gerne ein. Anschließend ging der Hase nach Hause und baute zwei Boote, eines aus Holz und eines aus Lehm. Stolz betrachtete er sein Werk, fest davon überzeugt, dass seine Mühen nun belohnt würden. Wenn sein Plan aufging, könnte er dem bösartigen Wesen endgültig das Handwerk legen.

Dann kam der Tag, an dem der Hase mit dem Tanuki zum Fischen ging. Das hölzerne Boot behielt er für sich, das Boot aus Lehm gab er seinem Begleiter. Der Tanuki, der sich nun gar nicht mit Booten auskannte, war hocherfreut über das Gefährt, das ihm der Hase freundlicherweise zur Verfügung stellte. Beide stiegen in ihre Boote und legten ab. Nachdem sie sich ein Stück weit vom Ufer entfernt hatten, schlug der Hase ein Wettrudern vor, um herauszufinden, welches Boot das schnellere war. Der Tanuki stimmte begeistert zu. Doch mitten während des Rennens zerfiel sein Boot in Stücke, als der Lehm mehr und mehr aufgeweicht war. Der Tanuki schrie auf und bat den Hasen um Hilfe. Doch dieser erklärte mit Genugtuung, dass dies alles geplant war, da er die alte Frau rächen wollte und dass er sehr glücklich darüber sei, dass der Tanuki nun für seine schlimmen Verbrechen bestraft wurde. Dann hob er sein Paddel aus dem Wasser und schlug es mit aller Kraft auf den Kopf der entsetzten Kreatur, so lange, bis diese mit ihrem Boot aus Lehm versank und nicht mehr auftauchte.

So hatte der Hase sein Versprechen gegenüber dem alten Mann erfüllt. Er ruderte zurück ans Ufer, machte das Boot fest und rannte zum Haus des Bauern, um diesem die ganze Geschichte vom Tod des Tanuki zu berichten. Der alte Mann brach in Tränen aus und dankte dem Hasen von ganzem Herzen. So lange seine Frau nicht gerächt war, konnte er nachts kein Auge zumachen und tagsüber plagten ihn quälende Gedanken. Nun endlich konnte er wieder mit Appetit essen und in Ruhe Schlaf finden. Er bat den Hasen, bei ihm zu bleiben und so lebten die beiden als beste Freunde zusammen bis ans Ende ihrer Tage.

---

[1] Die Geschichte vom Bauern und dem Tanuki ist eines der weitverbreitetsten japanischen Märchen. Die früheste Textversion stammt aus dem 17. Jahrhundert. Um 1840

wurde die Geschichte auch für das Kabuki-Theater adaptiert. In der Meiji-Zeit (1868–1912) fand sich das Märchen in fast allen japanischen Schulbüchern. Es existieren viele lokale Varianten, die sich in der Länge und in den Details der Handlung unterscheiden. Die ersten deutschsprachigen Versionen erschienen 1885 bzw. 1913 unter den Titeln „Der Hase und der Tanuki" beziehungsweise „Der Hase und der Dachs" in den Märchensammlungen von David Brauns und Karl Alberti.

[2] Die Tanuki 狸 gehören zoologisch zur Art der Marderhunde. Sie sind Allesfresser, die im Wald in Erdhöhlen leben. Oft werden sie mit Waschbären oder Dachsen verwechselt. Auch in den Übersetzungen des japanischen Märchens vom Bauern und dem Tanuki hält sich diese Verwechslung hartnäckig. So spricht Karl Alberti vom „Dachs", wie auch Yei Theodora Ozaki, die den Tanuki fälschlicherweise als „badger" tituliert.

[3] Tanuki gehören im japanischen Volksglauben zur Gruppe der Yōkai 妖怪. Diese Fabelwesen besitzen übernatürliche Kräfte. Einige von ihnen können als Gestaltwandler ahnungslose Menschen täuschen und ins Verderben führen. Neben dem Tanuki werden in der japanischen Mythologie auch Mujina 貉, dem japanischen Dachs, und Kitsune 狐, dem Fuchs, solche Fähigkeiten zugeschrieben.

[4] Der japanische Titel des Märchens lautet Kachi-kachi yama かちかち山, Knisterknister-Berg. Kachi-kachi ist ein onomatopoetisches Wort, das in der japanischen Sprache das Geräusch eines Feuers repräsentiert.
Vom Kawaguchi-See in der Nähe des Berges Fuji führt die Kachi-kachi-yama-Seilbahn 河口湖天上山ロープウェイ auf den Berg Tenjō 天上山. Die Handlung des Märchens wird von der lokalen Tourismusbehörde in diese Region verortet. Während der dreiminütigen Fahrt mit der Seilbahn können die Passagiere einer Audio-Version des Märchens lauschen. Auf dem Gipfel findet man eine Reihe von Tanuki- und Hasenstatuen, die Szenen aus dem Märchen wiedergeben.

Wie ein alter Mann seinen Grützbeutel verlor[1]

Vor vielen, vielen Jahren lebte in einem kleinen Dorf ein gutmütiger alter Mann, den ein tennisballgroßer[2] Grützbeutel entstellte, der aus seiner rechten Wange wuchs. Die Zyste war ein großes Ärgernis. Viele Jahre lang hatte der Mann seine ganze Zeit und sein ganzes Geld dafür aufgewendet, den Grützbeutel loszuwerden. Er hatte alles versucht, was ihm in den Sinn kam. Keiner der vielen Ärzte, die er konsultierte, konnte ihm helfen. Sämtliche Medikamente, die er einnahm oder als Salbe auftrug, bleiben wirkungslos. Der Grützbeutel wurde immer größer, bis er fast die ganze Gesichtshälfte bedeckte. Verzweifelt gab der Mann alle Hoffnungen auf, ihn jemals zu verlieren. Er würde den Klumpen wohl den Rest seines Lebens mit sich tragen müssen.

Eines Tages, als das Brennholz zuneige ging, wurde der alte Mann von seiner Frau beauftragt, neues zu besorgen. Er nahm eine Axt und machte sich auf den Weg in den Wald, der zwischen den Bergen in der Nähe seines Hauses lag. Es war ein schöner Tag im Frühherbst. Der alte Mann genoss die frische Luft und hatte es nicht eilig, nach Hause zu kommen. So verflog die Zeit, während er Holz hackte, und als der Tag zu Ende ging, lag ein stattlicher Haufen Brennholz zum Abtransport bereit. Er machte sich auf den Nachhauseweg und war noch nicht weit gekommen, als der Himmel sich verdunkelte und es heftig zu regnen begann. Der Mann suchte nach einem Unterschlupf, aber in der Nähe befand sich nicht die kleinste Hütte. Endlich entdeckte er ein großes Loch im hohlen Stamm eines Baumes. Die Öffnung befand sich in Bodennähe, und so stieg er hinein und setzte sich nieder, in der Hoffnung, dass es sich nur um einen kurzen Bergschauer handeln und das Wetter bald aufklaren würde. Doch der Regen wurde immer stärker und schließlich brach ein schweres Gewitter über den Berg herein. Der nicht enden wollende Donner dröhnte heftig und der Himmel war durch Blitze flammenhell erleuchtet. In Todesangst kauerte sich der alte Mann in den hintersten Winkel der Baumhöhle. Doch dann klarte der Himmel auf und das ganze Land leuchtete in den wärmenden Strahlen der untergehenden Sonne.

Die Stimmung des alten Mannes erholte sich beim Anblick der herrlichen Dämmerung. Gerade wollte er aus seinem seltsamen Versteck im hohlen Baum heraustreten, als er das Geräusch nahender Schritte vernahm. Er glaubte, seine Freunde wären gekommen, um ihn zu suchen, und der Gedanke an einen Rückweg in angenehmer Begleitung erfüllte ihn mit Freude. Doch als er aus dem Versteck herausschaute, war sein Erstaunen groß. Es waren nicht seine Freunde, sondern hunderte von Dämonen, die sich ihm näherten. Entsetzt wich er zurück. Einige der Gestalten waren so groß wie Riesen, andere hatten mächtige Augen, die in keinem Verhältnis zum Rest ihres Körpers standen, wieder andere hatten absurd lange Nasen und Münder, so groß, dass sie von Ohr zu Ohr zu reichten. Und allen wuchsen Hörner aus der Stirn. Der alte Mann war so überrascht von dem, was er sah, dass er das Gleichgewicht verlor und aus dem hohlen Baum fiel. Zum Glück sahen die Dämonen ihn nicht, da sie noch ein Stück weit entfernt waren. Also rappelte er sich auf und kroch zurück in den Baum. Während er dort saß und sich ungeduldig fragte, wann er nach Hause zurückkehren könnte, hörte er den Klang fröhlicher Musik, und dann begannen einige der Dämonen zu singen. „Was machen diese Kreaturen hier?" sagte der alte Mann zu sich selbst. „Ich werde mir das ansehen, es klingt sehr amüsant."

Beim Herausschauen erkannte der alte Mann, dass der größte der Dämonen nun mit dem Rücken an dem Baum lehnte, in dem er Zuflucht gesucht hatte. All die anderen Kreaturen umringten ihren Anführer, einige tranken und andere tanzten. Speisen und Getränke lagen auf dem Boden verteilt, und alle amüsierten sich ungemein. Ihre Mätzchen brachten den alten Mann zum Lachen. „Das ist wirklich amüsant!", sagte er grinsend zu sich selbst. „Ich bin schon sehr alt, aber so etwas Seltsames habe ich noch nie zuvor gesehen." In seiner Neugier vergaß er alles um sich herum. Und so trat er aus dem Baum heraus, um zu beobachten, was die Dämonen als Nächstes taten.

Der Anführer der Dämonen gönnte sich gerade einen großen Becher Sake, während er den anderen beim Tanzen zusah. Nach einer Weile sagte er gelangweilt: „Euer Tanz ist ziemlich eintönig. Ich bin es leid, ihn zu sehen. Gibt es denn hier nicht irgendjemanden, der besser tanzen kann?"

Der alte Mann hatte sein ganzes Leben lang gern getanzt. Er beherrschte diese Kunst und war sich sicher, dass er es viel besser machen konnte als die Dämonen. „Soll ich für sie tanzen und sie sehen lassen, was ein Mensch zu leisten vermag? Es könnte gefährlich sein, denn wenn ich ihnen nicht gefalle, werden sie mich töten!", sagte er zu sich selbst. Sein Wunsch zu tanzen war stärker als seine Angst. Er konnte nicht an sich halten und sprang in ihre

Mitte, um sich vor der ganzen Gruppe im Klang der Musik anmutig zu bewegen. Die Gewissheit, dass sein Leben davon abhing, wie gut er den Dämonen gefiel, spornte ihn an.

Die Dämonen überraschte es sehr, dass sich ein Mensch so furchtlos verhielt. Doch schon bald wich die Überraschung der Bewunderung. „Unglaublich!" rief der Anführer. „Ich habe noch nie einen derart begnadeten Tänzer gesehen! Wirklich bewundernswert!" Als der alte Mann seine Aufführung beendet hatte, sagte der riesige Dämon: „Vielen Dank für deinen amüsanten Tanz. Lass uns nun zusammen trinken." Mit diesen Worten reichte er ihm seinen größten Becher Wein.

Der alte Mann bedankte sich demütig: „Niemals hätte ich von Eurer Lordschaft derart liebenswürdige Worte erwartet. Ich fürchtete, ich hätte Eure herrliche Feier durch meinen ungeschickten Tanz gestört."

„Nein, keinesfalls", antwortete der Dämon. „Du solltest öfter kommen und für uns tanzen. Dein Können hat uns viel Freude bereitet."

Der alte Mann bedankte sich und versprach, zurückzukommen.

„Dann wirst du schon morgen wieder hier sein", fragte der Dämon.

„Natürlich werde ich kommen", antwortete der alte Mann.

„Dann musst du uns ein Pfand für dein Versprechen geben", sagte der Dämon.

„Was immer Ihr möchtet", erwiderte der alte Mann.

„Was wäre denn das Beste, was er uns als Pfand geben könnte", fragte der Anführer der Dämonen in die Runde.

Einer der Dämonen, der hinter dem Anführer kniete, sagte: „Der Gegenstand, den er uns hinterlässt, muss das Wichtigste sein, das er besitzt. Ich sehe, der alte Mann hat einen mächtigen Grützbeutel auf der rechten Wange. Menschliche Wesen sollten sich glücklich schätzen, so etwas zu besitzen. Lasst uns den Klumpen von seiner Wange nehmen. Dann wird er morgen bestimmt wiederkehren, um ihn zurückzubekommen."

„Das ist ein sehr kluger Vorschlag", sagte der Anführer und nickte zustimmend. Dann streckte er seinen haarigen Arm aus und entfernte den Grützbeutel mit seiner klauenartigen Hand aus dem Gesicht des alten Mannes.

Seltsamerweise löste sich der riesige Klumpen so leicht von der Wange wie eine reife Pflaume vom Baum. Zufrieden verschwand die fröhliche Dämonenschar in den Bergen.

Der alte Mann konnte kaum glauben, was geschehen war. Seine Begeisterung kannte keine Grenzen. Der Klumpen im Gesicht, der ihn so viele Jahre entstellt hatte, war völlig schmerzfrei entfernt worden. Mit der Handfläche prüfte er, ob Narben vorhanden waren, doch seine rechte Wange war so glatt wie seine linke. Lange schon war die Sonne untergegangen und der Mond stand wie eine silberne Sichel am Himmel. Der Mann realisierte, wie spät es war und eilte nach Hause. Die ganze Zeit tätschelte er dabei seine Wange, um sein Glück zu bestätigen. Er konnte nicht ruhig gehen – er sprang und tanzte den ganzen Weg nach Hause. Seine Frau war schon sehr besorgt, weil es schon so spät war. Sie fragte sich, was wohl passiert sein könnte. Er erzählte ihr die ganze Geschichte. Sie war so glücklich, dass der hässliche Klumpen aus seinem Gesicht verschwunden war, denn in ihrer Jugend war sie stolz auf das gute Aussehen ihres Mannes gewesen und es hatte sie sehr bedrückt, die schreckliche Zyste immer weiter wachsen zu sehen.

In der Nachbarschaft des gutmütigen Ehepaares lebte ein unangenehmer, bösartiger alter Mann. Auch er war seit vielen Jahren mit einem großen Grützbeutel auf der linken Wange gestraft. Auch er hatte alles Mögliche versucht, um die Zyste loszuwerden, aber vergebens. Ein Bediensteter berichtete ihm vom Glück seines Nachbarn. Unverzüglich ging er zu ihm, um sich Rat einzuholen. Der gute Mann erzähle ihm alles, was passiert war. Er beschrieb den Ort, an dem er den hohlen Baum finden würde und empfahl, am späten Nachmittag kurz vor Sonnenuntergang dorthin zu gehen.

Schon am nächsten Tag machte sich der bösartige Mann auf den Weg und fand schon bald das Versteck im Baum, das sein Nachbar beschrieben hatte. Er kroch hinein und wartete auf die Dämmerung. Wie ihm gesagt worden war, kam die Dämonenbande und feierte ein rauschendes Fest mit Tanz und Gesang. Nach einiger Zeit sah sich der Anführer der Dämonen um und sprach: „Wo ist der alte Mann? Er hat doch versprochen, rechtzeitig hier zu sein."

Als der böse alte Mann dies hörte, sprang er aus seinem Versteck, kniete vor dem Oni[3] nieder und sagte: „Ich habe darauf gewartet, dass Ihr mich ruft!"

„Ah, du bist der alte Mann von gestern", erwiderte der Anführer der Dämonen. „Danke, dass du gekommen bist. Du musst sofort für uns tanzen."

Der alte Mann erhob sich, öffnete seinen Fächer[4] und begann zu tanzen. Doch darin war er ungeübt. Er wusste nicht, wie man sich zum Klang der Musik bewegt und wie man den Tanz durch anmutige Gesten unterstützt. Er glaubte, dass den Dämonen alles gefallen würde und so hüpfte er einfach herum, wedelte mit den Armen und stampfte mit den Füßen, um irgendwelche Tänze zu imitieren.

Die Oni waren mit der Aufführung alles andere als zufrieden. „Wie schlecht er heute tanzt", versicherten sie sich gegenseitig. Dann sagte der Anführer zu dem alten Mann: „Du tanzt heute ganz anders als gestern. So etwas möchten wir nicht mehr sehen. Wir werden dir dein Pfand zurückgeben und dann solltest du sofort verschwinden."

Mit diesen Worten holte er den Grützbeutel des Mannes, der gestern so gut getanzt hatte, aus den Falten seines Gewandes hervor und warf ihn an die rechte Wange des Mannes, der vor ihm stand. Der Klumpen haftete so fest im Gesicht, als wäre er dort schon lange gewachsen, und alle Versuche, ihn abzustreifen, bleiben vergeblich. Anstatt den Klumpen auf seiner linken Wange wie erhofft zu verlieren, hatte der böse alte Mann sich nun einen zweiten auf der rechten Seite eingefangen. Er betastete seine Wangen zuerst mit einer, dann auch mit der anderen Hand, um sicherzugehen, dass er keinen Albtraum erlebte. Nein, es war nun schreckliche Gewissheit, dass sein Gesicht, rechts wie links, durch zwei Zysten entstellt wurde.

Die Dämonen waren alle verschwunden, und dem alten Mann blieb nichts anderes übrig, als nach Hause zurückzukehren. Sein Gesicht schaute erbärmlich aus. Mit den zwei großen Klumpen, einem auf jeder Seite, glich es einem japanischen Kürbis[5].

---

[1] Die Geschichte von dem Mann, der seinen Grützbeutel verlor, geht auf ein japanisches Märchen zurück, das den Titel Kobutori Jiisan 瘤取り爺さん trägt und erstmals im 13. Jahrhundert für die Sammlung Uji Shūi Monogatari 宇治拾遺物語 niedergeschrieben wurde. In Japan lernt jedes Kind die Geschichte spätestens in der Grundschule kennen. Auch in anderen asiatischen Ländern, wie China und Korea,

existieren Varianten der Erzählung. In Europa findet man vergleichbare Motive in Thomas Crofton Crokers Märchen „The Legend of Knockgrafton", das 1825 in Irland publiziert wurde. Dort treffen die Hauptfiguren jedoch nicht auf Dämonen, sondern auf Elfen, und anstelle eines Grützbeutels wird ein Buckel von einem Mann auf den anderen versetzt.

2 Yei Theodora Ozakis Vergleich mit einem Tennisball erscheint unpassend. In anderen Versionen des Märchens wird die Größe des Grützbeutels mit der eines Pfirsichs oder einer Orange verglichen.

3 Zum Begriff „Oni" siehe Anmerkung 6 in „Der Oger am Rashomon".

4 Die wichtigsten Requisiten in der traditionellen japanischen Tanzkunst, Nihon Buyō 日本舞踊, sind Kimono, Schirm und Fächer. Die faltbaren Fächer, Ōgi 扇 oder Sensu 扇子, wurde im 8. Jahrhundert in Japan erfunden. Meist werden sie aus Bambus und Papier hergestellt. Der beim Tanz verwendete Fächer besteht aus zehn Holzstäben, die mit dickem Papier beklebt sind. Während des Tanzes bleibt der Fächer geöffnet und wird je nach Pose in fest definierten Winkeln in der Hand gehalten.

5 Den Vergleich mit einem Kürbis hat Yei Theodora Ozaki dem ursprünglichen Märchen hinzugefügt. Kürbisse kamen erst im 16. Jahrhundert durch portugiesische Händler nach Japan. Im 19. Jahrhundert wurden weitere Kürbisarten aus Amerika importiert. Die bekannteste japanische Sorte ist der 1933 von dem Züchter Saichirō Matsumoto 松本佐一郎 entwickelte Hokkaidokürbis, Uchiki kuri kabocha ウチキ栗南瓜.

Der Dämon am Oeyama[1]

Vor langer, langer Zeit, während der Regentschaft von Ichijo[2], dem sechsundsechzigsten Kaiser Japans, lebte dort ein tapferer General namens Minamoto no Raiko[3]. Minamoto war der Name einer mächtigen Familie[4], in der westlichen Welt würde man diesen als Nachnamen bezeichnen, Raiko oder Yorimitsu als Vornamen.

In jenen Zeiten war es Brauch, dass ein General sich vier ausgewählte Ritter als Leibwächter hielt, die für ihren herausragenden Mut, ihre überragende Stärke und ihre Fähigkeit im Umgang mit dem Schwert bekannt waren. Diese vier tapferen Männer wurden Shitenno oder „Vier Könige des Himmels"[5] genannt. Sie waren an allen Großtaten ihres Herrn beteiligt und begleiteten ihn auf seinen Kriegszügen. Dabei wetteiferten sie miteinander, indem sie versuchten, sich durch besondere Tapferkeit und Geschicklichkeit auszuzeichnen. Minamoto no Raiko machte keine Ausnahme und so wählte er Usui Sadamitsu[6], Sakata Kintoki[7], Urabe Suetake[8], and Watanabe Tsuna[9] als seine Gefolgsleute. Auf der ganzen Welt gab es keine mutigeren Krieger als die Shitenno von Minamoto no Raiko. Jeder der vier konnte tausend einfache Soldaten ersetzen. Sie lebten für das Abenteuer und zogen voller Freude in den Kampf.

Zu dieser Zeit erzählte man sich in Kyoto von den Untaten einer schrecklichen Kreatur, die in der Provinz Tamba[10] an dem Hang eines hohen Berges namens Oeyama[11] lebte. Der Name des Dämons war Shutendoji[12]. Seine Gestalt war furchteinflößend, und jeder, der ihn nur einmal gesehen hatte, konnte den Anblick bis an sein Lebensende nicht vergessen. Von Zeit zu Zeit nahm er menschliche Gestalt an, um seine Höhle zu verlassen und die Hauptstadt heimzusuchen. Dort schlich er durch die Straßen und entführte prächtige Söhne und geliebte Töchter aus den wohlhabendsten Haushalten der Stadt. Nachdem er den Familien ihre jugendlichen Schätze geraubt hatte, verschleppte er diese zu seiner Festung in der Wildnis am Oeyama. Dort ließ er sie für sich arbeiten, bis ihn die Lust überkam, seine Opfer in Stücke zu reißen und aufzufressen. Und so verlor die Hauptstadt über viele Jahre hinweg ihre besten Söhne und Töchter. Viele Häuser waren mittlerweile verlassen. Lange Zeit hatte niemand die geringste Ahnung gehabt, was mit den Verschleppten geschehen war, aber zu der Zeit, als unsere Geschichte begann, kam der

Verdacht auf, dass der Dämon Shutendoji für die Vorfälle verantwortlich war.

Nun gab es am kaiserlichen Hof einen Beamten namens Kimitaka[13], der eine wunderschöne Tochter hatte. Sie war sein einziges Kind und wurde von ihm, wie von seiner Ehefrau, abgöttisch geliebt. Eines Tages verschwand das Juwel der Familie spurlos und der Haushalt wurde in tiefste Trauer gestürzt. Die Mutter beschloss, in Begleitung eines Bediensteten das Haus eines Wahrsagers aufzusuchen. Dieser offenbarte ihr, dass das junge Mädchen von einem Dämon an den Oeyama verschleppt worden war. Entsetzt eilte die Mutter nach Hause. Der Vater verstummte vor Trauer, als er die schreckliche Nachricht erfuhr. Vor Verzweiflung beweinte er Tag und Nacht den Verlust seiner einzigen Tochter. Seinen Dienst im kaiserlichen Palast konnte er nicht länger ausüben. Seine Tochter zu verlieren war schon schlimm genug, aber der Gedanke an die schrecklichen Hände, in die sie gefallen war, ließ ihn erschaudern. Auch die Erkenntnis, dass alle, die das arme Kind liebten, sogar ihr eigener Vater, nicht fähig waren, es zu retten, war unerträglich. Oh, welch bitterer, bitterer Schmerz!

Schließlich erfuhr der Kaiser von dem Leid, das Kimitaka erfahren musste. Mit unbändigem Zorn nahm er zur Kenntnis, dass eine hasserfüllte Bestie es gewagt hatte, in die Hauptstadt einzudringen, um seine Untertanen zu rauben. Zutiefst empört warf er seinen mit Quasten geschmückten Fächer zu Boden und rief:

„Gibt es denn niemanden in meinem Reich, der mein erregtes Herz beruhigen kann, der diesen Dämon bestraft, indem er ihn restlos vernichtet und damit das Unrecht rächt, das er meinem Volk und dieser Stadt angetan hat?"

Sodann rief der Kaiser seinen Rat zusammen, um zu besprechen, was nun zu tun sei. Die Stadt musste um jeden Preis von dieser schrecklichen Geisel befreit werden.

„Wie kann er es wagen, mein Herrschaftsgebiet heimzusuchen und Hand an mein Volk zu legen?", rief der Kaiser verzweifelt.

Mit dem gebotenen Respekt antworteten die Minister: „Es gibt eine Reihe tapferer Krieger im Reiche Ihrer Majestät, aber es gibt keinen, der an Minamoto no Raiko heranreicht. Unterwürfigst möchten wir unserem Kaiser, dem Himmelssohn, empfehlen, nach dem Ritter zu schicken und ihm zu befehlen, den Dämon zu töten. Unser armseliger Rat mag in den Augen des Himmelssohnes keine Gunst finden, aber im Moment haben wir keine besseren Vorschläge! "

Dieser Rat gefiel dem Kaiser Ichijo. Der Herrscher hatte schon oft von Raiko gehört, der als tapfer und furchtlos galt. Die Minister hatten Recht, zweifellos war er genau der Richtige für dieses Abenteuer. Und so rief der Kaiser Raiko unverzüglich zu sich. Als der Krieger die unerwartete Aufforderung seines Herren erhielt, eilte er zum Palast, voller Neugier, was ihn wohl erwarten würde. Nachdem er seine Instruktionen erhalten hatte, warf er sich vor dem Thron nieder und gab sich demütig dem kaiserlichen Befehl hin. Raiko freute sich auf das bevorstehende Abenteuer, denn zuletzt war es ruhig gewesen in Kyoto. Er und seine tapferen Gefolgsleute waren schon unruhig geworden ob der erzwungenen Untätigkeit. Je mehr ihm die Schwierigkeit der anstehenden Aufgabe bewusstwurde, umso stärker war sein Wille, die Mission zu erfüllen oder dabei zu sterben.

Der Krieger kehrte nach Hause zurück, um einen Plan zu entwickeln. Da sein Feind kein Mensch war, sondern ein gewaltiger Dämon, wollte er eine List verwenden und offene Kampfhandlungen vermeiden. Ein großes Heer an Soldaten war deshalb nicht erforderlich. Begleiten sollten ihn nur seine engsten Vertrauten. Und so rief er die tapferen Vier – Kintoki, Sadamitsu, Suetake und Tsuna – zu sich sowie einen weiteren Ritter namens Hirai Yasumasa[14], der Hitori genannt wurde, was „der einzige Krieger" bedeutete. Raiko weihte sie in seine Pläne ein. Da der Dämon kein gewöhnlicher Feind war, wollte er verkleidet zum Berg gehen. So hoffte er, den Gegner überlisten zu können. Der Plan stieß auf große Zustimmung und so machte sich die kleine Gruppe voller Freude an die Vorbereitung des Abenteuers. Sie polierten ihre Rüstung, schärften ihre langen Schwerter und prüften den Sitz ihrer Helme. Bevor sie ihr gefährliches Unterfangen begannen, wollten sie noch die Götter um Schutz und Segen bitten. Und so gingen Raiko und Yasumasa auf dem Berg Otoko zum Tempel von Hachiman[15], dem Kriegsgott, während Tsuna und Kintoki am Sumiyoshi-Schrein[16] zur Göttin der Barmherzigkeit[17] beteten. Sadamitsu und Suetake hingegen besuchten den Kumano-Gongen[18]. An jedem der heiligen Orte sprachen die Krieger dieselben Gebete. Hand in Hand baten sie die Götter, ihnen eine erfolgreiche Mission und eine sichere Rückkehr in die Hauptstadt zu gewähren.

Dann verkleidete sich die Gruppe als Bergpriester.[19] Sie setzten Mönchskappen auf und legten priesterliche Gewänder und Stolen an. Rüstung, Helme und Waffen wurden in Rücksäcken verstaut. In der rechten Hand trugen die Krieger einen Pilgerstab und in ihrer linken eine Gebetskette[20]. Die Füße steckten in rauen Strohsandalen. Niemand, der diese ehrwürdigen Priester sah, hätte geglaubt, dass diese sich anschickten, den Dämon am Oeyama zu attackieren. Und keiner konnte im Anführer der Gruppe Raiko erkennen, dessen Mut und Stärke im gesamten Inselreich seinesgleichen suchte. Durch ihre Verkleidung getarnt reisten Raiko und seine Männer unerkannt durch das Land bis sie den Fuß des Oeyama in der Provinz Tamba erreichten.

Dass der Dämon gerade den Oeyama als Zufluchtsort gewählt hatte, war kein Zufall. Sie können sich ausmalen, wie schwierig der Zugang zu dem Versteck war. Raiko und seine Männer waren häufig in unwegsamen Bergregionen unterwegs, aber so etwas Steiles wie den Oeyama hatten sie noch nie erlebt. Es war unbeschreiblich. Riesige Felsen versperrten den Weg, und die Äste der Bäume waren so dicht miteinander verflochten, dass das Tageslicht selbst gegen Mittag nicht durch das Laub dringen konnte. Die Schatten waren so schwarz, dass die Krieger sich sehnlichst Laternen wünschten. Manchmal führte der Weg sie über Abgründe, wo das Wasser entlang der tiefen Schluchten hinunterrauschte. Die Abgründe waren so tief, dass Raiko und seine Männer von Schwindelgefühlen überwältigt wurden, als sie an ihnen vorbeikamen. Erstmals sank ihr Mut ein wenig, als sie das Ausmaß der Schwierigkeiten realisierten, die sie erwarteten. Manchmal ruhten die Krieger sich auf Baumwurzeln aus, um wieder zu Atem zu kommen oder sie hielten bei einer Quelle an, um das Wasser mit ihren Händen aufzufangen und ihren Durst zu stillen. Tiefer und tiefer drangen sie in das Berggebiet ein und immer, wenn die Stimmung nachließ, fand einer ermutigende Worte, die sie vorantrieben. Manchmal kam ihnen ein ängstlicher Gedanke in den Sinn, den sie jedoch für sich behielten: „Was wäre, wenn Shutendoji und seine Dämonen hinter einem der Felsen lauern würden?"

Plötzlich tauchten hinter einem Felsen drei alte Männer auf. Raiko, der so klug wie tapfer war, hatte bereits darüber nachgedacht, was zu tun sei, wenn sie den Dämonen unerwartet begegnen würden. Er war sich sicher, dass die Bestien von seinem Vorhaben Wind bekommen und die Gestalt ehrwürdiger alter Männer angenommen hatten. Auf diese Weise wollten sie ihn und seine Begleiter hinters Licht führen! Doch so einfach ließ er sich nicht täuschen.

Durch winzige Gesten gab er den Männern hinter sich zu verstehen, dass sie auf der Hut sein sollten. Diese gehorchten unverzüglich und nahmen eine Verteidigungshaltung ein. Doch die drei Greise durchschauten Raiko. Freundlich lächelnd näherten sie sich den verkleideten Kriegern und verbeugten sich höflich. Der vorderste sprach:

„Habt keine Angst vor uns, wir sind nicht die Bergdämonen für die Ihr uns haltet. Ich komme aus der Provinz Settsu[21], mein Freund ist aus Kii[22] und der dritte lebt in der Nähe der Hauptstadt. Wir alle sind unserer geliebten Frauen und Töchter beraubt worden, von Shutendoji, dem Dämon. Wir sind alt und können Euch nicht helfen, obwohl die Trauer um den Verlust unserer Lieben von Tag zu Tag größer wird. Wir haben von Eurem Kommen gehört und hier gewartet, um Eure Unterstützung zu erbitten. Falls Ihr Shutendoji begegnet, solltet Ihr keine Gnade walten lassen. Tötet ihn und rächt so das Unrecht, das unseren Frauen und Kindern geschehen ist und den vielen anderen, die unserer Hauptstadt entrissen wurden."

Raiko hörte dem Greis aufmerksam zu und antwortete: „Jetzt, wo Ihr mir so viel erzählt habt, sollt auch Ihr meine wahre Geschichte hören."

Und er erzählte ihnen, dass er vom Kaiser den Auftrag erhalten hatte, Shutendoji und seine Höhle zu zerstören. Der Krieger gab sich alle Mühe, die alten Männer zu trösten. Er versprach, dass er alles in seiner Macht Stehende tun würde, um die entführten Frauen und Töchter wiederzubringen. Die Männer waren hocherfreut. Ihre Gesichter strahlten, als sie Raiko für sein freundliches Mitgefühl dankten. Sie verbeugten sich tief und boten dem Anführer der Krieger eine Flasche Reiswein an.

„Nehmt diesen magischen Wein als Zeichen unserer Dankbarkeit. Er wird Shimben-Kidoku-Shu[23] genannt. Das bedeutet ‚ein Stärkungsmittel für Männer, aber ein Gift für Dämonen'. Wenn ein Unhold von diesem Wein trinkt, wird ihn die Kraft verlassen und er wird in tiefen Schlaf fallen. Gebt Shutendoji von diesem Wein, bevor Ihr ihn angreift, dann werdet Ihr keine Probleme mit ihm haben."

Mit diesen Worten reichte der ehrwürdige Mann dem Krieger einen kleinen weißen Steinkrug voll Wein. Sobald Raiko den Krug in seine Hände genommen hatte, ging plötzlich ein Strahlen, so hell wie das Sonnenlicht, von den

Greisen aus, die sich vom Ort des Geschehens entfernten, bis ihre leuchtenden Gestalten in den Wolken verschwanden.

Die Krieger waren zutiefst beeindruckt und blickten verblüfft nach oben. Raiko war der erste, der sich von der Überraschung erholte. Er klatschte in die Hände und sagte lachend: „Habt keine Angst vor dem, was Ihr gesehen habt! Seid versichert, dass die drei, die uns erschienen sind, keine anderen waren als die Götter der Schreine, die wir vor unserem Aufbruch zum Oeyama besucht haben. Der alte Mann, der sagte, er sei aus Settsu, war die Gottheit von Sumiyoshi, der aus der Provinz Kii kam vom Gongen-Schrein in Kumano und der aus der Hauptstadt war der Gott Hachiman vom Berg Otoko. Dies ist ein ausgesprochen günstiges Zeichen. Die drei Gottheiten haben uns unter ihren besonderen Schutz genommen. Sake ist ihr Geschenk und dessen magische Kraft wird uns helfen, die Dämonen zu besiegen. Wir müssen uns beim Himmel bedanken für den Schutz, der uns gewährt wurde."

Dann knieten Raiko und seine fünf Ritter am Gebirgspass nieder, verneigten sich tief zum Boden und beteten einige Minuten lang schweigend, überwältigt von Ehrfurcht und dem Gedanken, dass die drei Götter, deren Hilfe sie angerufen hatten, ihnen leibhaftig erschienen waren. Raiko richtete sich auf und hob den Krug voller Ehrfurcht gegen den Himmel. Dann legte er ihn zu der Rüstung und den Waffen in seinen Rucksack. Voller Elan setzten die Männer ihren Weg fort, überrascht, wie sicher und zuversichtlich sie sich plötzlich fühlten! Mit dem magischen Wein im Gepäck schien Raiko allen Dämonen dieser Welt gewachsen. In Japan gibt es ein Sprichwort von einem Riesen mit einer Eisenstange, das besagt, dass man Stärke zu Stärke hinzufügen kann. Genauso gestärkt fühlte sich Raiko nun. Shutendoji musste sich auf eine harte Auseinandersetzung einstellen!

Auf ihrem weiteren Weg kamen die Krieger an einem Gebirgsbach vorbei, in dem ein junges Mädchen ihre blutbefleckte Kleidung wusch.[24] Immer wieder hielt sie inne, um sich mit dem Ärmel die Tränen vom Gesicht zu wischen, denn sie weinte bitterlich. Ihr Anblick rührte Raikos Herz. Er ging zu ihr hin und sagte: „Dieser Berg wird von einem Dämon heimgesucht. Was hat Euch hierhin verschlagen?"

Die Prinzessin – zweifellos war sie eine solche – schaute auf und sprach: „Ihr habt recht. Es handelt es sich um einen Berg, der von Dämonen beherrscht wird. Wie habt Ihr es geschafft hierher zu kommen?“ Und sie blickte von Raiko zu seinen Männern.

Raiko erwiderte: „Ihr sollt die Wahrheit erfahren. Der Kaiser hat uns befohlen, den Dämon zu töten. Deshalb sind wir hier!“

Ohne auf weitere Erklärungen zu warten, lief die Prinzessin zu Raiko, klammerte sich an ihn und rief in gebrochenen Sätzen: „Seid Ihr wirklich der große Raiko, von dem ich schon so viel gehört habe? Ich bin so dankbar, dass Ihr gekommen seid. Ich werde Euch zur Höhle des Dämons führen. Beeilt Euch, Ritter Raiko, und tötet die Bestie! Meine Rettung naht!“

Als die Krieger diese Worte vernahmen, wussten sie, dass sie eines der Opfer des Dämons vor sich hatten. Die Prinzessin wandte sich um und führte sie den Berg hinauf. Kurz darauf erblickten sie ein großes Eisentor, das von zwei Unholden bewacht wurde. Der linke Dämon hatte eine rote Hautfarbe, der rechte war schwarz. Beide waren mit einer eisernen Keule bewaffnet.

Die Prinzessin flüsterte Raiko zu: „Seht, dies ist die Festung des Dämons. Wenn Ihr das Tor betretet, werdet Ihr einen wunderschönen Palast erblicken, der von den Fundamenten bis zum Dach aus schwarzem Eisen erbaut wurde. Er wird daher Kurogane, der „Palast des schwarzen Eisens“, genannt. Er ist riesig und die Innenräume sind so schön, wie die Gemächer eines mächtigen Daimios. Dort feiert Shutendoji Tag und Nacht seine Feste. Jungfrauen wie ich, die er aus der Hauptstadt und aus den Provinzen als Sklaven verschleppt hat, müssen ihm dienen. Der Wein, den er trinkt und der in purpurroten Lackbechern serviert wird, ist in Wahrheit menschliches Blut, und das Essen ist das Fleisch der Opfer, die er getötet hat. So viele habe ich hier verschwinden sehen! Alle wurden ermordet, um bei den schrecklichen Festen von diesen Kannibalen verzehrt zu werden. Wie ich oft habe ich zum Himmel gefleht, dass diese Monster bestraft werden! Doch, das Schicksal meiner Freunde vor Augen, wie konnte ich darauf hoffen, zu überleben? Ich wusste nicht, wann ich an die Reihe kommen würde. Nun, da Ihr hier seid, sehe ich die Rettung nahen. Groß sind meine Freude und meine Dankbarkeit!“

Als sie das Tor erreichten, trat die Prinzessin vor und sprach zu den Dämonenwächtern: „Die armen Reisenden haben sich in dieser Berggegend verirrt. Ich hatte Mitleid mit ihnen und brachte sie hierher, damit sie sich eine Weile ausruhen können, bevor sie ihren Weg fortsetzen. Ich hoffe, Ihr werdet sie freundlich behandeln."

Während die Prinzessin sprach, musterten die Dämonen Raiko und die anderen Priester, die ihn begleiteten. Sie hatten keine Ahnung, wen sie vor sich hatten und so ließen sie die tapfersten Krieger Japans herein, noch weniger ahnend, was diese vorhatten. Die Unholde freuten sich über die frische Beute, die ihnen in die Hände gefallen war und auf das Fest, bei dem diese als Opfer dienen würden. Mit einem Grinsen über beide Ohren lobten sie die Prinzessin und forderten sie auf, die sechs Reisenden in den Palast zu bringen und Shutendoji über deren Ankunft zu informieren.

So betraten die sechs Krieger die Festung der Dämonen, als wären sie geladene Gäste. Die triumphale Freude über den Erfolg ihres Plans ließ sie blitzschnelle Blicke miteinander austauschen. Sie gingen durch das große Eisentor bis zur Vorhalle. Dann führte die Prinzessin sie durch weite Räume und lange Korridore, bis sie schließlich den inneren Teil des Palastes erreichten. Hier wurden sie in eine große Halle gebracht. Am oberen Ende saß der Dämonenkönig Shutendoji auf einer Art Thron. Selbst in ihren wildesten Träumen war den Rittern noch kein derart schreckliches Monster begegnet. Er schien mehr als zehn Fuß groß zu sein, die Haut leuchtete rot und sein Haupt war gekrönt von einem wilden Haarschopf. Er trug einen purpurroten Hakama und legte seine riesigen Arme auf die Lehnen des Thrones. Als die Ritter eintraten, starrte er sie grimmig aus tellergroßen Augen an. Der Anblick dieser schrecklichen Kreatur genügte, um jemanden vor Angst erbeben zu lassen. Wären Raiko und seine Ritter schwache Geister gewesen, müssten sie vor Entsetzen in Ohnmacht gefallen sein. Raiko konnte sich kaum zurückhalten, das Monster anzugreifen, aber er beherrschte sich und verbeugte sich demütig, um den Verdacht des Feindes in keiner Weise zu erwecken.

Shutendoji starrte ihn an und sagte mit stolzer Miene: „Ich weiß nicht, wer Ihr seid oder wie Ihr Euren Weg in diesen Berg gefunden haben, aber fühlt Euch wie zu Hause!"

Raiko erwiderte demütig: „Wir sind nur bescheidene Priester vom Berg Haguro[25] aus der Provinz Dewa[26]. Nach unserer Pilgerreise zum Schrein von Omine[27] waren wir auf dem Weg in die Hauptstadt. Als wir in diese Bergregion kamen, haben wir uns verirrt. Während wir herumirrten und den rechten Weg suchten, wurden wir von einer Bewohnerin Eures Palastes empfangen und freundlicherweise hierhergebracht. Bitte entschuldigt, dass wir Euer Herrschaftsgebiet betreten und Euch Schwierigkeiten bereitet haben!"

"Das ist nicht der Rede wert", sagte Shutendoji, „es tut mir leid, dass Ihr in diese Notlage gekommen sind. Vergesst alle religiösen Zeremonien, während Ihr hier seid, und lasst uns gemeinsam ein Festmahl abhalten." Dann wandte er sich an die anwesenden Dämonen, klatschte in seine roten Hände und gab den Befehl, das Abendessen vorzubereiten. Als das Fest begann, glitten die Schiebetüren auseinander und eine Vielzahl wunderschöner, prächtig gekleideter junger Frauen betrat den Raum. Sie hielten große Weinbecher, Sakeschalen und Fischgerichte aller Art in den Händen, die sie dem Dämon und seinen Gästen anreichten. Raiko wusste, dass all diese reizenden Mädchen von Shutendoji aus der Hauptstadt entführt worden waren, der sie, ungeachtet ihrer Tränen, als Dienerinnen hielt. Raiko schwor sich, dass er sie bald befreien würde. Nachdem die Weinbecher hereingebracht worden waren, schien die Gelegenheit gekommen. Der Krieger holte den Krug mit dem verzauberten Wein Shimben-Kidoku-Shu, den er von den Göttern der drei Schreine erhalten hatte, aus seiner Tasche und sprach zu Shutendoji:

„Nehmt den Wein, den wir vom Berg Haguro mitgebracht haben. Es ist kein besonders guter Tropfen und Eurer Größe eigentlich unwürdig, aber wir haben ihn schon häufig genutzt, um uns zu erfrischen und unsere müden Glieder zu beleben, wenn wir erschöpft waren. Wir würden uns sehr freuen, wenn Ihr ein wenig von unserem bescheidenen Wein probieren würdet, auch wenn er Euch nicht munden sollte!"

Shutendoji schien sich über dieses höfliche Angebot zu freuen. Er reichte seinen riesigen Becher zum Füllen und sagte: „Gebet mir etwas von Eurem Wein. Ich würde ihn gerne probieren." Der Kobold leerte das Gefäß mit einem Schluck und leckte sich die Lippen. „Ich habe noch nie einen so guten Wein getrunken", sagte er und streckte seinen Becher aus, um ihn erneut füllen zu lassen.

Sie mögen sich die Begeisterung Raikos vorstellen können, der nun wusste, dass der Dämon in seiner Hand war. Geschickt fuhr er fort, als er den Weinbecher des Dämons erneut füllte: „Ich freue mich, dass unser bescheidener Landwein dem ehrenwerten Gastgeber so sehr mundet. Während Ihr trinkt, werden wir es wagen, Euch durch unsere Tänze zu erfreuen."

Raiko gab seinen Männern ein Zeichen und sie begannen zu singen, während er selbst tanzte. Shutendoji war ebenso amüsiert wie seine Gefolgsleute. Sie hatten noch nie Männer tanzen sehen und fanden die Aufführung der Fremden sehr unterhaltsam. Die Dämonen reichten den magischen Wein in ihren Reihen herum. Nach und nach stellte sich eine feuchtfröhliche Stimmung ein. Einige flüsterten untereinander. Sie waren sicher, dass die sechs Männer sich ihres Schicksals nicht bewusst waren. Hätten sie nur geahnt, dass sie ihre letzten Stunden der Freiheit und wahrscheinlich ihres Lebens damit verbrachten, ihren Mördern Wein zu servieren und sie mit Gesang und Tanz zu unterhalten!

Doch die Kraft des magischen Weins begann seine Wirkung zu entfalten und Shutendoji wurde schläfrig. Der Wein im Krug schien niemals weniger zu werden, ganz gleich wieviel getrunken wurde, und die Dämonen hatten sich bereits reichlich bedient. Schließlich fielen sie alle in einen tiefen Schlaf und streckten sich auf dem Boden aus. Sie schnarchten bald so laut, dass der Boden erzitterte. Wie tote Holzscheite lagen sie in allen Ecken des Raumes, einige auch übereinander, und keiner konnte mehr wahrnehmen, was um ihn herum vorging.

„Die Zeit ist gekommen!“ rief Raiko, sprang auf die Füße und bedeutete seinen Männern, sich an die Arbeit zu machen. Sofort öffneten sie ihre Rucksäcke und nahmen ihre Helme, ihre Rüstung und ihre Langschwerter heraus, um sich zu bewaffnen. Nachdem die Vorbereitungen abgeschlossen waren, knieten sie alle nieder, ergriffen sich bei den Händen und beteten inbrünstig zu ihren Schutzgöttern, die ihnen jetzt, in der Stunde der größten Gefahr, beistehen sollten. Während sie beteten, erfüllte ein strahlendes Licht den Raum und in einer leuchtenden Wolke erschienen erneut die drei Gottheiten.

„Fürchtet Euch nicht, Krieger Raiko“, sagten sie. „Wir haben die Hände und Füße des Dämons festgebunden, so dass Ihr nichts zu befürchten habt. Während Eure Ritter seine Glieder abschlagen, trennt Ihr ihm den Kopf vom Rumpf. Danach könnt Ihr die restlichen Dämonen töten und Eure Arbeit ist erledigt.“ Dann verschwanden die drei alten Männer genauso geheimnisvoll wie sie gekommen waren.

Raiko versetzte die Erscheinung in Begeisterung. Aus vollem Herzen dankte er den verschwundenen Gottheiten. Die Ritter erhoben sich von den Knien, nahmen ihre Schwerter und benetzten die Nieten mit Wasser, um die Klinge fest im Griff zu befestigen. Dann schlichen sie vorsichtig in Richtung Shuten-doji, nicht mehr als schüchterne Bergpriester, in voller Rüstung hatten sie sich in rächende Krieger verwandelt. Mit blitzenden Augen und unerschrockener Miene bewegten sie sich durch den Raum.

Die entführten Prinzessinnen, die das Geschehen stumm beobachtet hatten, wussten nun, dass diese Männer als Retter aus ihrer geliebten Hauptstadt geschickt worden waren. Ihre Freude und ihre Verwunderung können kaum in Worte gefasst werden. Einige weinten vor Erleichterung, andere bedeckten ihre Gesichter mit den Ärmeln, um ihre Tränen zu verstecken und wieder andere erhoben ihre Hände zum Himmel und riefen: „Ein Buddha ist in diese Hölle gekommen! Ganz bestimmt werden diese tapferen Männer die Dämonen vernichten und uns befreien." Mit gefalteten Händen flehten sie die Ritter an, ihre Entführer zu töten und sie nach Hause zurückzubringen.

Raiko stand bereits mit gezogenem Schwert über dem schlafenden Shuten-doji und hob es mit einem mächtigen Schwung in die Höhe.[28] Er zielte auf den Hals des Dämons, der so breit war wie ein Fass. Der Kopf wurde mit einem Schlag vom Körper abgetrennt, aber – ich wage es kaum zu berichten – anstatt leblos zu Boden zu fallen, stieg er wütend in die Luft. Er hing für einen Moment über Raiko, schnaubte Feuerflammen und stürzte dann von oben herab, als wolle er dem Krieger den Kopf abbeißen. Doch ein glitzernder Stern auf dessen Helm ließ ihn zurückweichen.[29] Raikos Haut war von dem flammenden Atem des Dämons verbrannt worden. Noch einmal nahm er alle Kraft zusammen und hieb mit seinem Langschwert nach dem schrecklichen Kopf, um ihn endlich zu Boden zu bringen.

Der Lärm des Kampfes und die triumphalen Rufe der Krieger weckten die anderen Bestien, die so schnell zu sich kamen, wie es ihre verblüfften Sinne erlaubten. Zutiefst verschreckt vergaßen sie, ihre eisernen Keulen zu ergreifen, bevor sie auf Raiko zustürmten. Doch sie erreichten ihn nicht einmal, denn die fünf mutigen Begleiter stürmten heran und nach wenigen Minuten war keiner der Dämonen mehr übrig, der die Geschichte der Zerstörung erzählen konnte, die wie ein herbstlicher Orkan über die Blätter einer Waldlichtung, auf sie herabgekommen war.

Als die entführten Prinzessinnen sahen, dass all ihre Peiniger getötet waren, tanzten sie vor Freude durch den Raum und schwenkten ihre langen Ärmel hin und her, während die Freudentränen über ihre blassen Gesichter strömten. Sie liefen zu Raiko, ergriffen seine Arme und lobten ihn inbrünstig: „Oh! Raiko-sama, welch ein tapferer und edler Ritter Ihr seid! Wir sind Euch so dankbar, dass Ihr unser Leben gerettet habt. Noch nie haben wir einen so großartigen Krieger gesehen.“ Mit ihren Freudenbekundungen bestürmten sie den Ritter und ihre glücklichen Stimmen übertönten das schreckliche Stöhnen der sterbenden Bestien.

Nun, da Shutendoji und seine ganze Horde besiegt worden war, konnten Raiko und seine Männer die Gefangenen aus der Festung des Grauens in die Hauptstadt zurückbringen. Doch zunächst band Raiko den Kopf von Shutendoji mit einem starken Seil fest und bat seine tapferen Ritter ihn zu tragen. Gefolgt von den Prinzessinnen verließ die Gruppe den Oeyama und machte sich auf den Heimweg. Als sie Kyoto erreichten, verbreitete sich die Nachricht von Raikos Rückkehr wie ein Feuer, und die Menschen kamen in Massen auf die Straßen, um die Helden willkommen zu heißen. Als die Eltern der Verlorengeglaubten ihre Töchter wiedersahen, konnten sie es nicht fassen. Es schien zu schön, um wahr zu sein, dass ihre Liebsten sicher und gesund zurückgekehrt waren. Sie überschütteten Raiko mit Lob und kostbaren Geschenken.

Raiko brachte den Kopf von Shutendoji zum Kaiser und erzählte ihm die ganze Geschichte.[30] Sie können sich ausmalen, dass der Herrscher dem General großes Lob für seine Verdienste zollte und ihn in einen höheren Rang am Hofe beförderte, als er von dem Erfolg des Unternehmens hörte. Im ganzen Land, nah und fern, war Raikos Name in aller Munde. Er galt nun als der größte Krieger im ganzen Reich. Selbst in den einsamen ländlichen Gebieten gab es nicht einen armen Bauern, der die tapferen Taten des großen Generals nicht kannte. Seitdem ist sein Porträt auch allen Kindern Japans vertraut, denn es wird oft auf ihre Drachen gemalt.

---

[1] Die Legende vom Dämon am Oeyama ist vermutlich bereits in der Heian-Zeit (794–1185) entstanden. Die älteste überlieferte Version, Ōeyama Ekotoba 大江山絵詞, wurde im 14. Jahrhundert niedergeschrieben. In der Muromachi-Zeit (1333–1573) wurde die Geschichte in die Otogi-zōshi-Sammlung 御伽草子 aufgenommen und verbreitete sich dadurch rasch. Eine Kabuki-Adaption von Yukio Hagiwara 萩原雪夫 aus dem Jahr 1963 trägt den Titel Oeyama Shuten-dōji 大江山酒呑童子.

[2] Kaiser Ichijo 条天皇 lebte von 980 bis 1011. Während seiner Regentschaft entstand das berühmte Kopfkissenbuch, Makura no Sōshi 枕草子, das von seiner Hofdame, Sei Shōnagon 清 少納言, verfasst wurde.

[3] Minamoto no Yorimitsu 源頼光, der den Zweitnamen Minamoto no Raikō trug, lebte von 948 bis 1021. Zusammen mit seinem Bruder Minamoto no Yorinobu 源頼信 diente er der Fujiwara-Familie 藤原氏 als Militärführer. Er war Gouverneur der historischen Provinzen Izu 伊豆国 und Kozuke 上野国. Minamoto no Yorimitsu spielt in vielen japanischen Legenden eine Rolle, unter anderem in Kintarō 金太郎, der Erzählung von einem Kind mit übernatürlichen Kräften, und in zwei weiteren Geschichten, die in dem vorliegenden Band enthalten sind („Der Oger am Rashomon" sowie „Der Räuber Kidomaru, der tapfere Raiko und der Spinnendämon").

[4] Der Ehrenname Minamoto 源 wurde erstmals von Kaiser Saga 嵯峨天皇 im 9. Jahrhundert vergeben. Zusammen mit den Fujiwara 藤原 und den Taira 平 gehörten die Minamoto zu den wichtigsten Familienclans, die die japanische Politik in der Heian-Zeit bestimmten. Der Einfluss der Minamoto hielt bis zur Meiji-Restauration 明治維新 in der zweiten Hälfte des 19. Jahrhunderts an.

[5] Der Begriff Shitennō 四天王 steht im japanischen Buddhismus für die ursprünglich aus dem Hinduismus stammenden vier Himmelskönige, die in Tempelanlagen als Wächter der vier Himmelsrichtungen, Jikokuten 持國天, Zōchōten 増長天, Kōmokuten 広目天 und Tamonten 多聞天, dargestellt werden. Dort legen sie meist einen Fuß auf den Kopf oder den Körper eines Dämons, was den Sieg über das Böse symbolisiert. Auch die vier wichtigsten Gefolgsmänner historischer oder legendärer Figuren wurden als Shitennō bezeichnet.

[6] Minamoto no Yorimitsus Gefolgsmann Usui no Sadamitsu 碓井貞光, der auch den Namen Taira no Tadamichi 平忠通 trug. lebte von 954 bis 1021. In Kabuki-Stücken wird sein Charakter gelegentlich als weiblich dargestellt.

[7] Sakata no Kintoki 坂田金時 lebte von 956 bis 1012. Der Legende nach wurde er von einer Berghexe, Yamauba 山姥, in einer einsamen Gebirgsregion großgezogen. In dieser Zeit schloss er Freundschaft mit den dort lebenden Tieren und Fabelwesen. Er trug den Namen Kintarō 金太郎 und soll sich durch übernatürliche Kräfte ausgezeichnet haben. Später wurde er von Minamoto no Yorimitsu entdeckt und in den Kreis seiner engsten Gefolgsleute aufgenommen.
Kintarō ist auch heute noch eine populäre Figur in Mangas und Animes. Oft wird er mit roter Haut und einem Beil dargestellt. Am bekanntesten ist die Manga-Serie „Golden Boy" von Tatsuya Egawa 江川 達也, die von 1992 bis 1998 erschien.

[8] Urabe no Suetake 卜部 季武 wurde auch Taira no Suetake 平季武 genannt. Er lebte von 950 bis 1922.

9 Watanabe no Tsuna 渡邊綱 lebte von 953 bis 1025. Er war der Ururenkel des Kaisers Saga 嵯峨天皇 sowie der Neffe und wichtigste Gefolgsmann von Minamoto no Yorimitsu. Auch hatte er zeitweise die Position des Gouverneurs der historischen Provinzen Settsu 摂津国 und Tango 丹後国 inne. Die Tapferkeit und die Kampfkraft von Watanabe no Tsuna werden in vielen Legenden gerühmt. Die bekannteste ist die ebenfalls in diesem Band enthaltene Erzählung vom Oger am Rashomon.

10 Das Gebiet der historischen Provinz Tamba 丹波国 umfasste Teile der heutigen Präfekturen Kyōto 京都府 und Hyōgo 兵庫県.

11 Der Oeyama 大江山 ist eigentlich kein Berg, sondern die Bezeichnung für einen ganzen Gebirgszug am Rande der Tango-Halbinsel 丹後半島 im Norden der Präfektur Kyōto, circa 100 Kilometer von der alten Kaiserstadt entfernt. Die höchste Erhebung ist der 832 Meter hohe Senjogatake 千丈ヶ嶽. Es existieren mehrere Legenden, wonach Dämonen in dieser Gegend ihr Unwesen trieben. Neben der hier wiedergegebenen Erzählung vom Dämon am Oeyama sind die bekanntesten die Legende von Prinz Maroko 麻呂子親王の鬼退治 sowie die Geschichte von Hikoimasu no Kimi 日子坐王の鬼退治. Touristen können sich im Oni Museum 日本の鬼の交流博物館, dessen Zugang von einem 5 Meter hohen und 10 Tonnen schweren Dämonenkopf geschmückt wird, über die Hintergründe der Legenden informieren und eine Ausstellung mit mehr als 200 Dämonenmasken besuchen. Im Jahre 1994 wurde hier die „International Oni Association" gegründet, die mittlerweile 350 Mitglieder hat. Von dem Museum aus erreicht man nach einstündiger Wanderung den in der Nähe eines Berggipfels gelegenen Onitake Inari Schrein 鬼嶽稲荷神社, der errichtet wurde, um den rachsüchtigen Geist von Shuten-dōji zu befrieden. Von hier aus, kann man im Herbst das Naturphänomen eines „Wolkenmeeres" bewundern.
Ganz in der Nähe Kyotos, im Westen des Stadtzentrums, liegt ein weiterer Berg, der Ōeyama 大枝山 genannt wird. Einige Forscher verorten die Legende vom Dämon am Oeyama in diese Gegend. Heute befindet sich auf diesem 480 Meter hohen Berg ein Ski-Resort.

12 In weiteren Legenden ist beschrieben, wie Shuten-dōji 酒呑童子 zum Dämon wurde und wie er zum Oyeama kam. Demnach war er der Nachkomme einer buddhistischen Gottheit und einer menschlichen Frau. Schon früh entwickelte er eine Vorliebe für Alkohol. Nach einem misslungenen Entgiftungsversuch in einem buddhistischen Kloster zeigte sich seine wahre Natur. Er wurde zu einem Dämon, der zunächst am Berg Hiei 比叡山, im Nordosten von Kyoto, sein Unwesen trieb. Nachdem sich Saichō 最澄, der Gründer der buddhistischen Tendai-Schule 天台宗, ebenfalls dort niedergelassen hatte, versuchte Shuten-dōji diesen zu vertreiben. Hierzu verwandelte er sich einen riesigen, bösartigen Kampferbaum. Doch Saichō durch-

schaute das Manöver und ließ den Baum fällen. Shuten-dōji floh in die Bergregion am Oeyama, wo er seine Festung errichtete.

[13] Andere Versionen der Legende vom Dämon am Oeyama besagen, dass es sich bei Kimitaka um den Sohn von Fujiwara no Michinaga 藤原 道長 handelte. Dieser lebte von 966 bis 1022 in Kyoto. Er war Sekretär am kaiserlichen Hof. Der Ichijō-tennō nahm sich die Tochter von Fujiwara no Michinaga zur Frau. Aus dem Sekretär wurde der engste Berater des Regenten, und schließlich der mächtigste Mann am Hof.

[14] Fujiwara no Yasumasa 藤原保昌 lebte von 958 bis 1038. Der Höfling und Dichter trug auch den Namen Hirai no Yasumasa 藤原平井, da er während seiner Zeit als Gouverneur der historischen Provinz Settsu 摂津国 in Hirai 平井 lebte.

[15] Hachiman 八幡 ist eine japanische Gottheit, die im Shintō wie auch im Buddhismus verehrt wird. Er gilt als Kriegsgott und auch als Beschützer des Landes gegen Angriffe von außen. Der Iwashimizu-Hachiman-schrein 石清水八幡宮 wurde im 9. Jahrhundert am Hang des Berges Otoko 男山 in der Stadt Yawata 八幡市, 15 Kilometer südlich von Kyoto errichtet. In der Heian-Zeit galt er als Schutzwall der Hauptstadt gegen Dämonen. Während der Mongoleninvasion im 13. Jahrhundert und beim Auftauchen der Schwarzen Schiffe im Jahre 1853 besuchte die japanischen Kaiser den Schrein in Yawata, um dort die Abwehr der Gefahren zu erbitten. Auch heute noch gehört er zu den drei wichtigsten Hachiman-Schreinen Japans.

[16] In Japan gibt es über 2300 Sumiyoshi-Schreine 住吉大社, in denen die drei Kami des Meeres 住吉三神 verehrt werden, die Reisende, Seefahrer und Fischer beschützen sollen. Der Hauptschrein, der sich im Stadtteil Sumiyoshi in Osaka befindet, wurde vermutlich bereits im 3. Jahrhundert errichtet.

[17] Die Göttin der Barmherzigkeit trägt in Japan den Namen Kannon 観音. Im klassischen Sanskrit wird sie Avalokiteshvara अवलोकितेश्वर genannt. Sie ist die bekannteste Boddhisattva-Figur बोधिसत्त्व des Mahayana-Buddhismus महायान.

[18] Ein Gongen 権現 gilt als Offenbarung Buddhas in einer japanischen Gottheit. Bei dem Kumano-Gongen 熊野権現 handelt es sich um die drei Berge von Kumano 熊野三山, die in den Schreinen Kumano Hongū Taisha 熊野本宮大社, Kumano Nachi Taisha 熊野那智大社 und Kumano Hayatama Taisha 熊野速玉大社 als Kami 神 verehrt werden. Durch die Halbinsel Kii 紀伊半島 führt ein Pilgerweg, der die drei bedeutenden Schreine verbindet.

[19] Japanische Bergpriester, Yamabushi 山伏, führen ein asketisches Leben und vollziehen magisch-religiöse Rituale. Sie sind Anhänger des Shugendō 修験道, einer auf dem Schintoismus, Daoismus sowie der Shingon-Tendai-Schule 真言宗 des Buddhismus basierenden synkretistischen Religion. Begründet wurde der Shugendō in der Nara-Zeit (710–794) durch den Asketen und Magier En no Gyōja 役行者, der laut

der im 8. Jahrhundert niedergeschriebenen Chronik Shoku Nihongi 続日本紀 die beiden Dämonen Zenki 前鬼 und Goki 後鬼 unterworfen haben soll.

[20] Siehe Anmerkung 11 in „Die Dämonin von Adachigahara".

[21] Das Gebiet der historischen Provinz Settsu umfasste Teile der heutigen Präfekturen Hyōgo 兵庫県 und Ōsaka 大阪府.

[22] Die Halbinsel Kii liegt im Süden der japanischen Hauptinsel Honshū 本州. Sie umfasst die Präfektur Wakayama 和歌山県 sowie Teile der Präfekturen Ōsaka, Nara 奈良県 und Mie 三重県.

[23] Die Bezeichnung des magischen Weins, Shinbin kidoku shu 神便鬼毒酒, bedeutet „von Gott gegebener, für Dämonen giftiger Reiswein".

[24] In der ursprünglichen Version der Legende, die im Otogi-zōshi enthaltenen ist, trafen die Krieger nicht auf ein junges Mädchen, sondern auf eine Greisin. Diese soll von den Dämonen verschont und als Wäscherin eingesetzt worden sein, weil ihnen das alte Fleisch der Frau zum Verzehr ungeeignet erschien.

[25] Der 411 Meter hohe Berg Haguro 羽黒山 gehört neben dem Gassan 月山 und dem Yudono-san 湯殿山 zu den heiligen „Drei Bergen von Dewa" 出羽三山. Die im nordöstlichen Teil des Bandai-Asahi-Nationalparks 磐梯朝日国立公園 gelegenen Gipfel sind die wichtigsten Heiligtümer der Yamabushi. Am Fuße des Haguro-san, an der Straße zum Eingang des Sanjin-schreins 三神合祭殿 stehen auch heute noch viele strohgedeckte Häuser, die von Bergasketen und Shugendō-Pilgern bewohnt werden.

[26] Das Gebiet der im Norden Japans gelegenen historischen Provinz Dewa 出羽国 umfasste die heutigen Präfekturen Akita 秋田県 und Yamagata 山形県.

[27] Der Ōmine-san 大峰山 ist ein heiliger Berg, 70 km südlich von Nara. Der nahe des Gipfels gelegene, im 8. Jahrhundert von En no Gyōja gegründete Ōminesan-Tempel 大峯山寺 ist das Zentrum der Shugendō-Schule der Yamabushi.

[28] Minamoto no Yorimitsus Schwert soll den Namen Blutsauger, Chisui 血吸, getragen haben.

[29] Einer anderen Version der Legende zufolge trug Minamoto no Yorimitsu über seinem eigenen zinnoberroten Helm einen weiteren, mit Eisennägeln beschlagenen, den ihm die drei Gottheiten als zusätzlichen Schutz mitgegeben hatten.

[30] Zum Verbleib des Kopfes von Shuten-dōji gibt es verschiedene Theorien. So soll er im Byōdō-in 平等院 in Uji 宇治市 oder im Kubizuka Daimyojin 首塚大明神 im Westen Kyotos begraben worden sein. Es existieren auch Varianten der Legende, wonach der abgeschlagene Kopf Shuten-dōjis am Oeyama zurückgelassen wurde.

Der Räuber Kidomaru, der tapfere Raiko und der Spinnendämon[1]

Gerade haben Sie von den Heldentaten des tapferen Ritters Raiko am Oeyama gelesen. Sie wissen nun, wie er das Land von den Dämonen befreit hat, die die Hauptstadt Kyoto heimgesucht und deren Bewohner durch ihre schrecklichen Taten terrorisiert hatten. Es gibt noch weitere interessante Geschichten über ihn, die Sie vielleicht gerne lesen möchten.

Gar nicht lange nach den Ereignissen am Oeyama sprach man im ganzen Land über den Raubmörder Kidomaru[2], der von allen Menschen, egal ob alt oder jung, wegen seiner grausamen Taten gefürchtet und gehasst wurde.

Eines Abends, als Raiko mit seinen Begleitern von einem Jagdausflug zurückkehrte, führte ihn sein Weg am Haus seines jüngeren Bruders Yorinobu[3] vorbei. Er war an diesem Tag schon einige Zeit unterwegs gewesen und hatte noch einen längeren Ritt vor sich bis nach Hause. In der einsamen Stunde der Dämmerung erfreute ihn, müde und hungrig wie er war, der Gedanke an ein gutes Essen in angenehmer Gesellschaft. Bevor Raiko das Haus des Bruders erreichte, ließ er die Jagdgesellschaft anhalten, um Yorinobu durch einen Boten über sein Kommen zu informieren. In Japan ist es üblich, dass jüngere Familienmitglieder ihren älteren Brüdern oder Schwestern Respekt zollen. Deshalb war Yorinobu überglücklich, dass Raiko, sein älterer Bruder, sich herabließ, ihn um die Gewährung seiner Gastfreundschaft zu bitten. Schon bald kehrte der Bote mit der Nachricht zurück, dass Yorinobu nur zu erfreut war, Raiko zu empfangen und dass er bereits angeordnet hatte, am Abend ein Fest zu veranstalten. Da Yorinobu allein war, freue er sich schon sehr auf den Besuch seines älteren Bruders. Demütig bat er Raiko durch seinen Boten um Verzeihung, da er in der Kürze der Zeit nur ein bescheidenes Fest organisieren konnte, das der Bedeutung seines Besuchers nicht angemessen war.

Doch Raiko war sehr erfreut ob der freundlichen Erwiderung. Er warf dem Reitknecht die Zügel zu, stieg von seinem Pferd, betrat das Haus und fragte sich, was wohl der Anlass für das Bankett sein könnte, das Yorinobu bestellt hatte. Als der Krieger in den Raum geführt wurde, saß sein Bruder bereits Sake trinkend auf den Matten, während die Bediensteten die ersten Gänge des Abendessens servierten. Nach der Begrüßung reichte Yorinobu seinem älteren Bruder einen Becher Reiswein. Raiko trank aus und erkundigte sich nach dem Grund für das Fest. Yorinobu lachte triumphierend, drehte sich auf seinem Kissen herum und zeigte in den Garten. Der Geste seines Bruders folgend blickte Raiko nach draußen und sah dort einen jungen Mann, kaum älter als dreißig Jahre und von außerordentlicher Stärke, der an eine Kiefer gefesselt war. Das Gesicht des Gefangenen drückte Hass und Wildheit aus. Der mächtige Körperbau, mit Armen und Beinen, so groß und muskulös wie Kiefernstämme, war furchterregend. Das verfilzte Haar stand wirr nach oben und die funkelnden Augen schienen aus den Höhlen zu treten. Raiko glaubte, eher einen Dämon als einen Menschen vor sich zu haben.

„Yorinobu!“ rief Raiko, „der Anlass deines Festes ist, gelinde gesagt, ungewöhnlich. Es war doch bestimmt schwierig, diese wilde Kreatur zu fangen. Aber nun sage mir doch wer das ist, den du dort an den Baum gefesselt hast.“

„Hast du nicht von Kidomaru gehört, dem berüchtigten Räuber?“, antwortete Yorinobu. „Das ist er! Einer meiner Männer hat ihn in den Hügeln vor der Stadt gefangen genommen, als er dort schlief. Wir haben so lange nach ihm gesucht. Er hat schließlich eine große Rechnung zu begleichen. Heute Nacht will ich ihn gefesselt gefangen halten und morgen dem Gesetz übergeben! Komm, lass uns fröhlich sein, das Abendessen ist serviert!“

Raiko klatschte begeistert in die Hände, als er von der Großtat hörte, die Yorinobu und seine Männer vollbracht hatten. Endlich war der schreckliche Räuber gefasst, dessen gesetzlose Taten die Menschen in Kyoto lange Zeit in Angst und Furcht versetzt hatten. Dass der geächtete Kidomaru von seinem eigenen Bruder Yorinobu gefasst worden war, brachte der gesamten Familie Ruhm und Ehre.

„Du hast dem Land einen wertvollen Dienst erwiesen“, sagte er, „aber es ist irrwitzig, eine solche Kreatur nur mit einem Seil zu fixieren. Das ist genauso, als würdest du einen wilden Stier mit einer dünnen Drachenschnur fesseln. Nimm meinen Rat an Yorinobu und lege ihm eine starke Eisenkette um, sonst wird der Mörder bald wieder auf freiem Fuß sein.“

Yorinobu wusste den Rat seines Bruders zu schätzen. Er klatschte in Hände und rief einen Diener herbei. Diesem befahl er, eine schwere Eisenkette zu besorgen. Als diese gebracht wurde, gingen sie nach draußen, um Kidomarus Körper damit zu umwickeln. Abschließend wurde die Kette mit einem Vorhängeschloss an einem Pfosten gesichert.

Kidomaru war erbost über Raikos Einmischung. Zuvor hatte er sich über die leichten Fesseln gefreut. Er wusste, dass er das Seit leicht hätte zerreißen können. Er hatte nur auf den Einbruch der Nacht gewartet, um im Schutz der Dunkelheit zu entkommen. Das alles war durch Raikos Intervention nun nicht mehr möglich. „Ich hasse dich", grummelte Kidomaru, während er Raiko böse Blicke zuwarf. „Ganz sicher werde ich dich für das bestrafen, was du mir angetan hast! Denk daran!"

Der tapfere Krieger kümmerte sich wenig um die bösartigen Blicke des Räubers. Er lachte nur, als er sie bemerkte, und als die Kette enger um den Körper des Gefangenen gezogen wurde, sagte er zu Yorinobu: „Gut so! Die Kette wird ihn zurückhalten! Du darfst nicht riskieren, dass er entkommt!" Dann kehrte er in Begleitung seines Bruders in das Haus zurück, um das Abendessen fortzusetzen. Lange noch saßen sie zusammen und sprachen über alte Zeiten, bevor sie sich zum Schlafen legten.

Kidomaru wusste, dass Raiko in Yorinobus Haus übernachtete. Er beschloss, ihn in dieser Nacht zu töten, denn das, was der Krieger ihm angetan hatte, erfüllte ihn mit großer Wut. „Er wird schon bald sehen, wozu ich fähig bin!", knurrte Kidomaru vor sich hin. Dabei schüttelte er wütend sein zotteliges Haupt wie ein langhaariger Terrier. Vorsichtig wartete er, bis im Haus alles ruhig wurde. Dann erhob er sich, noch starr und steif nach der langen Fesselung. Mit hohem Kraftaufwand streckte er seine Arme aus und lachte dabei trotzig über die Kette, die ihn band. Er war so stark, dass kein zweiter Anlauf vonnöten war. Die Kette brach und fiel klirrend zu Boden. Kidomaru schüttelte sich wie ein großer Hund aus seinen Fesseln. Leise wie eine Maus näherte er sich dem Haus und kletterte auf das Dach. Mit einem gewaltigen Schlag seiner riesigen Faust durchbrach er die Ziegel und Bretter bis zur Zimmerdecke. Sein Plan war es, Raiko von oben zu überrumpeln, während dieser schlief. Dann wollte er die Überraschung des Gegners nutzen, um ihm rasch den Kopf abzutrennen.

Raiko hatte jedoch, in Erwartung eines möglichen Angriffs, nur leicht geschlafen. Als er das Geräusch über sich hörte, war er sofort hellwach. Mit einem Husten und Räuspern sollte sein Feind gewarnt werden. Doch Kidomaru war ein Mann von wildem und unerschrockenem Charakter. Als er hörte, dass Raiko wach war, änderte dies nichts an seiner Absicht, den Gegner anzugreifen. Er fuhr damit fort, ein Loch in die zu Decke brechen, durch das er sich in den Raum herunterlassen wollte. Raiko setzte sich auf und klatschte laut in die Hände, um seine Männer herbeizurufen, die in einem Nebenraum schliefen. Watanabe[4], sein erster Gefolgsmann, eilte in das Zimmer, um zu sehen, was sein Herr von ihm wollte.

„Watanabe", sagte Raiko, „mein Schlaf wurde durch Geräusche in der Zimmerdecke gestört. Es mag ein Wiesel sein, denn Wiesel sind laute Kreaturen. Es kann keine Ratte sein, denn eine Ratte ist nicht groß genug, um so viel Lärm zu machen. Auf jeden Fall scheint es mir unmöglich, heute Nacht in Ruhe Schlaf zu finden. Sattelt also die Pferde und ruft die Männer zusammen. Ich werde aufstehen und zum Tempel am Berg Kurama[5] hinausreiten. Ich möchte, dass alle Männer mich begleiten."

Der Räuber kauerte noch immer zwischen Dach und Decke, lauschte dem Gespräch in dem Zimmer unter ihm und sprach zu sich selbst: „Hoho! Raiko reitet nach Kurama! Das ist eine gute Nachricht! Anstatt meine Zeit hier wie eine Ratte in einer Falle zu verschwenden, werde ich mich sofort auf den Weg nach Kurama machen. Ich werde schneller sein, ihnen dort auflauern und sie alle töten!" Also kroch er wieder von innen auf das Dach, sprang mit einem Satz herunter und eilte nach Kurama.

Auf dem Weg dorthin durchquerte Kidomaru eine weite Ebene, auf der wilde Stiere weideten. Ihm kam eine Idee, wie er Raiko und seine Männer überlisten konnte. Er verpasste einem der großen Stiere einen Schlag auf den Kopf. Drei weitere Hiebe und das Tier fiel dem Räuber tot zu Füßen. Kidomaro zog ihm das Fell ab. Das war keine einfache Aufgabe, doch es gelang ihm mühelos, so stark war er. Dann warf er sich das Fell über, legte sich verkleidet zu Boden und wartete auf Raiko und seine Männer. Lange musste er nicht ausharren. Schon bald kam der Krieger mit seinen vier mutigen Gefolgsleuten in Sicht. Raiko zügelte sein Pferd, als er das Vieh erblickte. Er wandte sich an seine Männer und rief: „Hier ist ein Ort, wo wir trainieren können. Anstatt nach Kurama zu fahren, lasst uns hierbleiben und auf die Jagd gehen! Schaut euch nur die wilden Stiere an!" Freudig stimmten die vier Krieger dem Vorschlag ihres Herrn zu. Wie Raiko liebten sie den Wettbewerb und so begrüßten sie die Gelegenheit, ihre Fähigkeiten bei der Jagd unter Beweis zu stellen. Gerade ging die Sonne auf und die Aussicht auf einen schönen Morgen erhöhte die Vorfreude auf einen unterhaltsamen Zeitvertreib. Mit Eifer bereiteten sie Pfeil und Bogen vor, um die Jagd zu beginnen. Doch die aufgeschreckten Stiere wollten sich nicht auf das Spiel einlassen. Das Spiel des Menschen bedeutete für sie den Tod. Einer von ihnen war bereits von Kidomaru abgegeschlachtet worden, und jetzt wurden sie von Raiko und seinen Männern angegriffen, die entschlossen in ihre Herde eindrangen und mit Pfeil und Bogen auf sie anlegten. Mit wütendem Schnauben, schlagenden Schwänzen und stoßenden Hörnern stoben sie nach rechts und links auseinander. Bei ihrem Ansturm bemerkten die Jäger, dass ein Rind im hohen Gras liegengeblieben war. Zunächst dachten sie, es müsse lahm oder krank sein und nahmen es nicht weiter zur Kenntnis. Doch als Raiko sich näherte, befahl er einem seiner Männer, das Tier zu erschießen. Der Krieger gehorchte, nahm seinen Bogen und schoss einen Pfeil auf das liegende Tier. Das Geschoss traf sein Ziel nicht, denn zum Erstaunen der Jäger wurde das Fell beiseite geworfen und heraus kam Kidomaru.

„Raiko! Du bist es, oder irre ich mich?“, rief der Räuber. „Weißt du, dass ich einen Hass auf dich habe?“ Mit diesen Worten schnellte er nach vorne und griff den Anführer der Ritter mit einem Dolch an. Raiko bewegte sich nicht einmal in seinem Sattel. Er zog sein Schwert, wehrte den Angriff des Gegners geschickt ab und trennte ihm dann, nach einem kurzen Schlagabtausch, mit einem gezielten Hieb den Kopf vom Rumpf. Doch Kidomarus Wille war so stark, dass er aufrecht stehen blieb und mit dem Arm nach Raikos Sattel schlug, obwohl sein Haupt bereits abgeschlagen war. Dann erst brach er zusammen. Die Krieger waren allesamt beeindruckt von der Fähigkeit des bösartigen Räubers, seinen starken Körper auch dann noch zu nutzen, als der Kopf schon längst nicht mehr auf den Schultern saß.

Dies war die Geschichte von der Bestrafung des berüchtigten Räubers Kidomaru durch den tapferen Raiko. Kidomarus böse Blicke hatten dem Krieger verraten, dass der Räuber vorhatte, ihn zu töten. Raiko erhielt viel Lob dafür, dass er Kidomaru nach Kurama lockte, um ihn auf dem Weg zu stellen und zu vernichten. So konnte der Ehrenmann die Auseinandersetzung im Hause seines Bruders vermeiden. Wie immer waren Raikos Taten von Weisheit und Tapferkeit geprägt. Doch kaum war der Unhold aus dem Weg geschafft, verbreitete sich in der Hauptstadt die Nachricht, dass ein anderer Mann aufgetaucht war, der Kidomaru in seinen bösartigen Taten nacheiferte. Der Name des Räubers war Kakamadare[6].

Eines Nachts, der Mond schien hell vom Himmel, lauerte Kakamadare in der Ebene zwischen Kyoto und Kurama auf Opfer. Er wartete auf Durchreisende und hoffte, dass das Glück ihm einen reichen Mann in die Fänge treiben würde. Plötzlich hörte er jemanden, der auf der Flöte spielte. Verwundert versteckte er sich im Gras, in gespannter Erwartung, wer wohl auftauchen würde. Die liebliche Musik kam immer näher und dann konnte er den Spieler sehen. Im Licht des Mondes erblickte der Räuber einen stattlichen Samurai, gekleidet in feinste seidene Gewänder und ausgestattet mit einem prächtigen Langschwert, das an seiner Seite baumelte.

„Das ist die Gelegenheit, heute Abend ist das Glück auf meiner Seite", dachte der Räuber, als er sich aus seinem Versteck erhob und dem Flötenspieler heimlich folgte. Schritt für Schritt kam Kakamadare näher. Mehrmals zog er sein Schwert, immer auf eine Chance lauernd, seine Beute zu erlegen. Doch plötzlich drehte sich der Samurai um und sah dem verblüfften Räuber fest in die Augen. Dann setzte der Mann ruhig und kühl sein Flötenspiel und seinen Marsch fort, als wäre ihm die drohende Gefahr völlig gleichgültig. Wieder folgte ihm Kakamadare mit der Absicht, den Samurai bei nächster Gelegenheit niederzuschlagen. Doch jedes Mal, wenn er die Hand mit dem Schwert erheben wollte, fiel sie kraftlos zur Seite. Eine schützende Aura schien von dem Ritter auszugehen. In Japan glaubt man, dass alle edlen Schwertkämpfer diese Macht hatten, die es ihnen erlaubte, niedere Kreaturen alleine durch geistige Kräfte in Zaum zu halten. In der Tat war der Glaube an die übernatürliche Kraft eines Schwertes groß,[7] und es wurde gesagt, dass kein bösartiger Mensch in den Besitz einer solch feinen Klinge kommen könne.

Kakamadare gelang es nicht zuzuschlagen, doch er hatte keine Erklärung für seine Schwäche. Ob vielleicht die Musik dafür verantwortlich war? Er lauschte den sanften Klängen der Flöte und bewunderte die Virtuosität, mit der der Mann spielte. Ihm entging nicht, wie furchtlos und nervenstark sein Gegner voranschritt. Der Ritter wusste, dass ihm ein Räuber folgte, und doch zeigte er nicht die geringste Angst. Kakamadare wollte aufgeben und umkehren, doch der Mann zog ihn wortlos in seinen Bann und zwang ihn, ihm zu folgen. Auf diese Weise erreichte das seltsame Paar die Stadt.

Erneut unternahm Kakamadare große Anstrengungen, um den Zauber zu brechen. Als er mit aller Kraft versuchte umzukehren, kam der Samurai zu seinem Erstaunen plötzlich auf ihn zu und sprach: „Kakamadare, ich danke

Euch für Eure Mühe! Ihr gabt mir sicheres Geleit!" Dies schüchterte den Räuber derart ein, dass er auf die Knie fiel und für einige Zeit sprach- und bewegungslos verharrte. Endlich, nachdem Kakamadare sich wieder gefangen hatte, antwortete er: „Ich weiß nicht, wer Ihr seid, aber ich bitte Euch, mir zu vergeben! Ich hatte vor, Euch zu töten!" Dann gestand er dem Ritter alles. Er erzählte ihm von seinen unzähligen räuberischen Gewalttaten, die ihm den Hass der Menschen eingebracht hatten. Alle glaubten, er müsse ein Dämon sein, da er in seiner Grausamkeit und Unerbittlichkeit nicht mal dem ärmsten Bauern Gnade zuteilwerden ließ. „Ich habe noch nie jemanden wie Euch getroffen", fuhr Kakamadare fort. „Ich verspreche, mein Leben als Räuber aufzugeben, und ich bitte Euch unterwürfigst, mich in den Kreis Eurer Gefolgsleute aufzunehmen."

Der Samurai führte den Mann in sein Haus und kleidete ihn neu ein. Er bot ihm an wiederzukommen, falls er in Schwierigkeiten geriet und Geld benötigte. Nur solle er damit aufhören, andere verächtlich zu behandeln oder Streit loszutreten. Die Güte und Barmherzigkeit des Mannes berührte Kakamadares Herz. Von diesem Tage an wurde er ein besserer Mensch und ein gesetzestreuer Bürger. Der Samurai war kein anderer als Hirai[8], einer der Ritter, die Raiko auf seinem erfolgreichen Feldzug gegen die Dämonen vom Oeyama begleitetet hatten. In Japan sagt man seit langer Zeit, dass „tapferen Generälen tapfere Soldaten folgen", und das ist nur zu wahr. Raiko war ein Mann von großem Scharfsinn und Mut. Seine vier Gefolgsleute und der Ritter Hirai, von dem wir gerade gelesen haben, waren wie ihr Meister. In ganz Japan gab es keine mutigeren Männer als sie. Dies beweist die Wahrheit des alten Sprichworts.

Es existiert eine weitere Legende über den General Raiko, die Sie vielleicht gerne kennen würden. Das Schwert, mit dem Raiko Kidomaru tötete, wurde Kumokiri[9] oder „Spinnenschwert" genannt, und von der Benennung dieser Klinge handelt die folgende Erzählung.

Vor einiger Zeit kam es einmal vor, dass Raiko sich unwohl fühlte und zu Hause in seinem Zimmer bleiben musste. Jeden Abend gegen zwölf Uhr kam ein junger Gehilfe an seine Schlafstätte, der ihn zuvorkommend behandelte und ihn mit Arzneien versorgte.[10] Raiko fiel zwar auf, dass er den Jungen nicht kannte, er schöpfte jedoch keinen Verdacht, da es in den Dienervierteln viele Untergebene gab, die er niemals zu Gesicht bekam. Doch anstatt sich zu erholen, wurde Raiko immer schwächer und gerade die Einnahme der Medizin schien dafür verantwortlich zu sein. Schließlich sprach er eines Tages mit dem Leiter seiner Dienerschaft und fragte ihn, wer ihm jeden Abend die Arzneien gebracht hatte. Doch der wusste nichts von der Medizin und auch den jungen Gehilfen kannte er nicht. Raiko vermutete, dass er in die Fänge übernatürlicher Kräfte geraten war. „Ein bösartiges Wesen nutzt meine Schwäche aus und versucht, mich mit einem Zauber zu belegen oder gar zu töten. Wenn der Junge heute Abend wiederkommt, werde ich sein wahres Wesen herausfinden. Vielleicht ist er ein verkleideter Fuchs[11] oder ein Dämon!", sagte Raiko. Und so wartete er auf das Erscheinen des Gehilfen, fest entschlossen, die seltsamen Geschehnisse aufzuklären.

Als die Nacht am tiefsten war, erschien der Junge und brachte wie üblich die Medizin. Ruhig nahm Raiko den Becher entgegen und sprach: „Danke für Deine Mühe!", aber anstatt die falsche Arznei zu schlucken, schleuderte er den Becher und dessen Inhalt in das Gesicht des Jungen. Zugleich sprang er auf, ergriff das Schwert, das neben seinem Bett lag, und hieb auf den Betrüger ein. Der Diener schrie vor Wut und Schmerz auf, als ihn die Klinge traf. Bevor er sich umdrehte, um aus dem Raum zu entkommen, warf er mit einer blitzschnellen Bewegung etwas auf den Ritter, das sich im Flug pyramidenförmig in ein großes weißes klebriges Netz ausbreitete, das über Raiko fiel und an ihm haften blieb, so dass er sich kaum mehr zu bewegen vermochte. Dennoch gelang es dem Ritter, sein Schwert herumzuwirbeln, die anhaftenden Maschen zu durchschneiden und sich zu befreien. Wieder warf der Dämon ein Netz und wieder schnitt Raiko die ineinandergreifenden Fäden durch. Noch ein letztes Mal wurde ein riesiges Spinnennetz über ihn geworfen, bevor der Dämon schließlich die Flucht ergriff. Raiko rief nach seinen Männern und sank erschöpft auf seine Schlafstätte.

Sein oberster Gefolgsmann, der den Ruf gehört hatte, stellte den Diener im Korridor. Er fand es seltsam, dass ein unbekannter Gehilfe, so jung er auch sein mochte, zu dieser späten Stunde aus dem Zimmer seines Herrn kam und so hielt er ihn mit gezogenem Schwert auf. Ohne ein Wort zu verlieren warf der Dämon sein engmaschiges Netz über den Krieger und verschwand auf geheimnisvolle Weise. In heller Aufregung eilte der Gefolgsmann zu Raiko. Groß war seine Bestürzung, als er sah, dass die Maschen des Dämonennetzes sich noch immer an seinen Herrn klammerten.

„Seht!“ rief Raiko und zeigte auf die Fäden, die an seinem Gefolgsmann und an sich selbst hafteten. „Ein Spinnendämon[12] war hier!“ Dann gab er den Befehl, die Kreatur zu jagen, aber das Ding konnte nirgends gefunden werden. Auf den weißen Matten und entlang der Korridore fanden sie Blutstropfen, die zeigten, dass das Wesen verwundet worden war. Raikos Männer folgten der Spur in den Garten, durch die Stadt und zu den Hügeln, bis sie eine Höhle erreichten. Stöhnen und Schmerzensschreie kamen aus dem Inneren, so dass die Krieger sich am Ende ihrer Jagd wähnten. „Bestimmt versteckt sich der Dämon hier!“, riefen sie. Die Männer zogen ihre Schwerter, betraten die Höhle und fanden dort eine monströse Spinne, die sich vor Schmerz krümmte und aus einem tiefen Schwertschnitt am Kopf blutete. Unverzüglich töteten sie die Kreatur trugen den Körper zu Raiko.

Der Ritter hatte schon oft von diesen grässlichen Spinnen gehört, aber noch nie eine gesehen. „Dieser Spinnendämon wollte mich jagen! Das Netz, das er über mich geworfen hat, war ein Spinnennetz! Von all meinen Abenteuern ist dies das seltsamste!“

Noch in derselben Nacht befahl Raiko, aus Anlass des Erlebten ein Bankett für all seine Gefolgsleute auszurichten, um dort auf das Wohl seiner fünf tapferen Männer anzustoßen. Von nun an erschien der bösartige Diener nie wieder und Raiko konnte seine Gesundheit und Kraft rasch wiedererlangen. Dies war die Geschichte des Kumokiri-Schwertes. Kumo bedeutet „Spinne“ und Kiri bedeutet „Schneiden“. Die Waffe wurde so genannt, weil sie dem Spinnendämon, der den tapferen Ritter Raiko verfolgte, einen tödlichen Schnitt versetzt hatte.

---

[1] Hier werden drei Legenden miteinander verknüpft. Der erste Teil, die Erzählung vom Räuber Kidōmaru, stammt aus dem Kokon Chomonjū 古今著聞集, einer Sammlung von Mythen und Legenden, die im 13. Jahrhundert von Tachibana Narisue 橘成季 erstellt wurde. Der zweite Abschnitt, in dem der flötenspielende Hirai no Yasumasa 藤原平井 den Verbrecher Kakamadare bekehrt, stammt aus dem Konjaku Monogatari 今昔物語, einer Geschichtensammlung aus dem 12. Jahrhundert. Diese Erzählung wurde in der Edo-Zeit (1603–1868) in dem Stück Ichiharano Tsuki no Nagame 市原野月眺 von Ichikawa Monnosuke IV 市川門之助 für das Kabuki-Theater adaptiert. Die dritte Legende, in der Minamoto no Yorimitsu alias Raiko gegen den Spinnendämon kämpft, stammt aus dem Heike Monogatari 平家物語,

das im 14. Jahrhundert verfasst wurde. Auch diese Erzählung wurde für das Kabuki-Theater adaptiert. Das Stück von Kawatake Mokuami 河竹黙阿弥 trägt den Titel „Die Erdspinne“, Tsuchi Gumo 土蜘.

2 In der Stadt Fukuchiyama 福知山市 im Norden der Präfektur Kyōto erzählt man sich, dass der Räuber Kidōmaru 鬼童丸 ein Nachkomme des Dämons Shuten-dōji sei. Nachdem Minamoto no Yorimitsu Shuten-dōji getötet hatte – wie in der Erzählung „Der Dämon vom Oeyama“ beschrieben –, soll er die jungen Frauen, die der Unhold in seine Bergfestung entführt hatte, nach Kyoto zurückgebracht haben. Eine von ihnen war psychisch gestört. Anstatt nach Hause zurückzukehren siedelte sie sich in Kumohara 宇雲原, einem Weiler 20 km nördlich von Fukuchiyama an, wo sie ein Kind des Dämons gebar. Bereits im Alter von acht Jahren war der Junge so stark, dass er Hirsche und Bären mit einem Stein erschlagen konnte. Wie sein Vater war Kidōmaru zunächst in einem Kloster am Berg Hiei untergebracht, bevor sich sein dämonischer Charakter durchsetzte. Schließlich entwickelte er einen besonderen Hass auf Minamoto no Yorimtsu und seine Gefolgsleute, da diese seinen Vater auf dem Gewissen hatten.

3 Minamoto no Yorinobu 源頼信 lebte von 968 bis 1048. Von seinem Vater, Minamoto no Mitsunaka 源満仲, erbte er den Titel eines „Oberbefehlshabers der Armee zum Schutz Nordjapans“, Chinjufu-shōgun 鎮守府将軍. In Diensten des Fujiwara-Clans zeichnete er sich besonders bei der Abwehr einer Revolte durch Taira no Tadatsune 平忠常 im Jahre 1028 aus.

4 Zu Watanabe no Tsuna 渡邊綱 siehe Anmerkung 9 in „Der Dämon am Oeyama“.

5 Der Berg Kurama 鞍馬山 liegt 20 Kilometer nördlich von Kyoto. Der am südlichen Berghang gelegene gleichnamige Tempel 鞍馬寺 wurde im 8. Jahrhundert gegründet, nachdem der Mönch Kantei 鑑禎 von den mystischen Kräften des Ortes gehört hatte. Der Tempel diente zur Verehrung von Bishamon 毘沙門, dem Schutzgott der Krieger. Heute ist der Berg Kurama als Geburtsort des Reiki 霊気, einer ganzheitlichen Heilkunst, bekannt.

6 Der von Yei Theodora Ozaki „Kakamadare“ genannte Räuber hieß eigentlich Hakamadare no Yasusuke 袴垂保輔. Gemäß einer weiteren Legende soll dieser in einer Auseinandersetzung mit Minamoto no Yorimitsu und seinen Gefolgsmännern einen Zauber beschworen haben. Durch die Illusion eines Kampfes zwischen einem Bären und einer Riesenschlange konnte Hakamadare no Yasusuke seine Gegner einige Zeit ablenken, bevor er von den Kriegern gefangengenommen wurde. Das Motiv wurde von Utagawa Yoshitsuya 歌川芳艶 in einem Farbholzschnitt-Triptychon verarbeitet.

7 Die magische Macht der Schwerter spielt bereits in den frühesten Mythen Japans eine Rolle. Das „Grasmähe-Schwert“, Kusanagi no tsurugi 天叢雲剣/草薙剣, gehört zu den drei Throninsignien des Kaisers. Im Kojiki 古事記 des 8. Jahrhunderts wird

beschrieben, wie der Gott der Unterwelt, Take-haya-Susanoo 建速須佐之男, das Schwert an die Sonnengöttin Amaterasu 天照 übergab. Der Himmelsenkel Ninigi 邇邇芸 brachte Kusanagi dann zur Erde, wo es zunächst im kaiserlichen Palast, später im Atsuta-Schrein 熱田神宮 in Nagoya aufbewahrt wurde, bevor es im Jahre 1185 bei der Seeschlacht von Dan-no-ura 壇ノ浦の戦い verlorenging.
Auch in der westlichen Mythologie findet man magische Schwerter, wie Excalibur in der Artus-Sage, Durendal in dem Rolandslied oder Gram in der nordisch-germanischen Sagenwelt.

[8] Zu Hirai no Yasumasa 藤原平井 siehe Anmerkung 14 in „Der Dämon am Oeyama".

[9] Minamoto no Yorimitsus Schwert hieß ursprünglich „Knieschneider", Hizakirimaru 膝切丸. Nachdem der Spinnendämon besiegt war, wurde die Waffe in „Spinnenschneider", Kumokirimaru 蜘蛛切丸, umbenannt. Später erhielt es den Namen „Heuler", Hoemaru 吠丸, da es in der Nacht Laute von sich gab, die denen einer Schlange ähnelten. Das Schwert wird heute im Atsuta-Schrein in Nagoya aufbewahrt.

[10] In der ursprünglichen Version der Legende vom Spinnendämon, die im Heike Monogatari niedergeschrieben steht, war es kein junger Diener, sondern ein riesenhafter buddhistischer Mönch, der Minamoto no Yorimitsu attackierte.

[11] Der japanische Fuchs, Kitsune 狐, wird in Mythen und Legenden oft als Wandelwesen, das menschliche Gestalt annehmen und Unheil bringen kann, dargestellt.

[12] Bereits in den ersten mythischen Schriften Japans aus dem 7. und 8. Jahrhundert wird der Spinnendämon Tsuchigumo 土蜘蛛, wörtlich „Erdspinne", erwähnt. Ursprünglich wurden rebellische Völker, die sich nicht dem Kaiser in Zentraljapan, Yamato 大和国, unterwarfen, Tsuchigumo genannt. Später wurde der Name auf den riesenhaften Spinnendämon übertragen.
Es existiert eine weitere Legende die den Kampf von Minamoto no Yorimitsu mit einem Spinnendämon beschreibt. Sie trägt den Namen Tsuchigumo Soushi 土蜘蛛草紙. Demnach soll die japanische Hauptstadt im 11. Jahrhundert von einer Horde von Spinnenwesen heimgesucht worden sein. Minamoto no Yorimitsu machte sich auf die Suche nach dem Ursprung der Plage. In einem Wald nördlich von Kyoto traf der Krieger zunächst auf einen Dämon in Gestalt einer jungen Frau, die er im Kampf mit seinem Schwert verletzte. Er folgte der Spur ihres weißen Blutes bis zu einer Höhle. Dort zeigte die bösartige Kreatur ihre wahre Identität. Erst nach langem Kampf konnte Minamoto no Yorimitsu den Spinnendämon besiegen. Aus dessen aufgeschnittenem Leib rollten Tausende Köpfe seiner verschlungenen Opfer sowie eine Horde kleiner Spinnen, wie er sie zuvor in die Hauptstadt gesandt hatte.

Der Geist aus der Laterne

Vor etwa dreihundert Jahren lebte in der Stadt Aoyagi in der Provinz Kai[1] ein Mann namens Koharu Tomosaburo, der aus einer wohlbekannten Familie stammte. Sein Großvater, ein Gefolgsmann von Ota Dokan, dem Gründer von Yedo, hatte Selbstmord begangen, nachdem sein Herr im Kampf gefallen war.[2]

Tomosabura war zu Beginn dieser Geschichte bereits viele Jahre glücklich mit einer Frau aus derselben Provinz verheiratet und stolzer Vater eines zehnjährigen Sohnes. Eines Tages erkrankte seine Frau ganz plötzlich so schwer, dass sie das Nachtlager nicht mehr verlassen konnte. Die hinzugezogenen Ärzte waren ratlos. Sie wussten nicht, wie sie die merkwürdigen Symptome deuten sollten, die die Patientin zeigte. Um die Schmerzanfälle zu lindern, verbrannten sie Moxakraut[3] auf bestimmten Stellen ihres Rückens, doch ein halber Monat verging, ohne dass die mysteriöse Krankheit geheilt werden konnte. Tag für Tag musste Tomasabura mitansehen, wie seine Frau dahinsiechte. Er war ein fürsorglicher Ehemann, der nur selten den Platz an ihrem Krankenlager verließ. Tag und Nacht tat er alles in seiner Macht Stehende, um ihren Zustand zu lindern.

Eines Abends, als Tomasabura bei seiner Frau saß, erschöpft von der Anstrengung der ständigen Pflege und von der Angst vor einer Verschlechterung ihres Zustandes, fiel er in einen Halbschlaf. Plötzlich änderte sich das Licht der Laterne[4], die die Schlafstätte erhellte. Das Licht verfärbte sich rot, loderte drei Fuß hoch auf, und in der purpurfarbenen Flammensäule erschien die Gestalt einer Frau. Wie gebannt starrte Tomasaburo auf die Erscheinung, die zu ihm sprach:

„Ich habe davon gehört, wie sehr Ihr Euch um die Gesundheit Eurer Frau sorgt. Ich bin gekommen, um Euch zu helfen. Das Leiden Eurer Frau ist die Bestrafung für ihre charakterlichen Fehler. Sie ist von einem teuflischen Wesen besessen. Wenn Ihr bereit seid, mich als Gottheit zu verehren, werde ich den quälenden Dämon austreiben."

Tomasaburo war ein mutiger, willensstarker Samurai, der keine Angst kannte. Er fixierte die Erscheinung mit entschlossenem Blick und zog sein Schwert aus der Scheide, eher unbewusst als absichtlich. Japanische Krieger betrachten ihr Schwert als heilig, ausgestattet mit einer magischen Kraft – wie das christliche Kreuz im mittelalterlichen Europa –, um das Böse zu exorzieren.[5]

Der Geist quittierte die Geste mit einem hochmütigen Lachen und sprach: „Nur die freundlichsten Absichten haben mich hierhergebracht, um Euch meine Hilfe in anzubieten. Doch, anstatt meinen guten Willen wertzuschätzen, zeigt Ihr Euch mir gegenüber feindselig. Die Strafe dafür wird Eure Frau mit ihrem Leben bezahlen." Mit diesen drohenden Worten verschwand das Phantom.

Von dieser Stunde an verschlimmerten sich die Leiden der unglücklichen Frau, und zur Bestürzung aller schien sie schon bald ihr Leben auszuhauchen. Ihr Mann war außer sich vor Kummer. Er erkannte, dass er den ihm wohlgesonnenen Geist durch seine unglückliche und feindselige Geste auf unhöfliche Weise vertrieben hatte. Noch mehr als zuvor war er zutiefst beunruhigt über die verzweifelte Lage seiner Frau und deshalb bereit, jeder noch so seltsamen Forderung nachzukommen. Deshalb warf er sich vor dem Hausaltar[6] auf den Boden nieder und richtete inbrünstige Gebete an den Geist der Laterne. In aller Demut bat er um Verzeihung für sein gedankenloses und unhöfliches Verhalten. Von dieser Stunde an begann sich der Zustand der Patientin zu verbessern. Schon bald war ihre Gesundheit wieder vollständig hergestellt, und sie fragte sich, ob all das Erlebte in Wirklichkeit nur ein böser Traum war.

Eines Tages, als die Eheleute abends zusammensaßen und sich freudig über die unerwartete und wundersame Genesung unterhielten, flammte die Laterne auf, genau wie beim letzten Mal, und in der Säule des strahlenden Lichts erschien erneut der Geist und sprach: „Trotz Eures unfreundlichen Empfanges habe ich den Dämon vertrieben und das Leben Eurer Frau gerettet. Nun bin ich gekommen, um Euch, Tomosaburo-san, als Gegenleistung um einen Gefallen zu bitten. Ich habe eine Tochter, die jetzt in einem heiratsfähigen Alter ist. Ich bin gekommen, um Euch zu bitten, einen geeigneten Ehemann für sie zu finden."

„Aber ich bin doch ein menschliches Wesen", protestierte der verblüffte Mann, „und Ihr seid ein Geist! Wir kommen aus verschiedenen Welten, die eine weite und unüberwindbare Kluft trennt. Wie soll es mir gelingen, Eure Forderung zu erfüllen?"

„Das ist einfacher als ihr glaubt“, antwortete der Geist. „Ihr müsst nur einige Blöcke Kiri-Holz[7] nehmen und daraus kleine Figuren von männlicher Gestalt schnitzen. Wenn sie fertiggestellt sind, werde ich einer von ihnen die Hand meiner Tochter geben.“

„Wenn das alles ist, was Ihr von mir verlangt, werde ich Eurem Wunsch natürlich nachkommen“, stimmte Tomosaburo zu. Kaum war der Geist verschwunden, öffnete er seinen Werkzeugkasten und begann mit der Arbeit. Bereits nach wenigen Tagen hatte er mehrere sehr gelungene Bildnisse des gewünschten Bräutigams in Miniaturform fertiggestellt. Anschließend legte er die Figuren in einer Reihe auf den Tisch.

Als der Samurai am nächsten Morgen aufwachte, musste er feststellen, dass die urigen kleinen Gestalten allesamt verschwunden waren. Offensichtlich hatten sie dem Geist gefallen. Tomosaburo hoffte, dass der seltsame übernatürliche Besucher nun von ihm ablassen würde, doch am nächsten Abend erschien dieser erneut und sprach:

„Dank Eurer freundlichen Unterstützung ist die Zukunft meiner Tochter gesichert. Als Zeichen unserer Dankbarkeit für die Mühe, die Ihr Euch gemacht habt, laden wir Euch und Eure Frau zum Hochzeitsfest ein. Ihr müsst mir nun versprechen, dass Ihr kommen werdet.“

Eigentlich war Tomosaburo dieser gespenstischen Begegnungen überdrüssig. Schon gar nicht wollte er sich mit diesem seltsamen immateriellen Wesen verbünden. Andererseits war ihm bewusst, dass der Geist die Fähigkeit hatte, Böses zu bewirken. Er wagte es nicht, ihn zu beleidigen. Wie konnte er nur dieser unheimlichen Einladung entkommen? Bevor er eine Antwort formuliert hatte, verschwand der Geist. Tomosaburo ließ die absonderliche Situation, in der er sich befand, keine Ruhe. Es schien keine Lösung für sein Dilemma zu geben. Und in der nächsten Nacht kehrte der Geist zurück.

„Ich hatte bereits die Ehre, Euch darüber zu informieren, dass eine Feier vorbereitet ist, bei der Eure Anwesenheit gewünscht wird. Es ist nun soweit. Die Hochzeitszeremonie ist beendet und die versammelte Gesellschaft wartet ungeduldig auf Euer Erscheinen. Folgt mir – jetzt sofort!“

Mit gebieterischen Gesten forderte der Geist Tomosaburo und seine Frau auf, ihn zu begleiten. Dabei glitt das übernatürliche Wesen aus der Flamme der Laternen hinaus und herüber zum Ausgang des Raumes. Auf seinem Weg versicherte es sich mit verstohlenen Blicken, dass die beiden ihm sicher folgten. Und so gingen die drei, unter Führung des Geistes, durch den Korridor zur äußeren Veranda.

Nur äußerst widerwillig akzeptierte das Paar die Einladung. Tomosaburo erinnerte sich jedoch an die schlimmen Folgen, die er mit seinem anfänglichen Widerstand ausgelöst hatte. Er hielt es nun für klüger, freudige Zustimmung vorzutäuschen. Er war sich dessen bewusst, dass seine Frau ihre rasche Genesung dem Geistwesen verdankte. Ob dieser Wohltat hielt er es für undankbar und unpassend – und ohnehin für gefährlich –, sich dem Wunsch des Geistes zu widersetzen. Er war hin und hergerissen und fühlte sich verwirrt und benommen, so als wäre ihm die Fähigkeit zum bewussten Handeln abhandengekommen.

Am Hauseingang wartete ein prächtiger Festzug auf Tomosaburo, wie man ihn sonst nur zur Begleitung bedeutender Persönlichkeiten findet. Livrierte Träger brachten Sänften, die mit Lack und Gold geschmückt waren. Ein großgewachsener Mann in zeremoniellen Gewändern trat vor und forderte sie in tiefer Ehrerbietung auf: „Gnädiger Herr, diese Kago[8] sollen Eurer Beförderung dienen – steigt ein, damit wir uns zum Ziel begeben können." Gleichzeitig verneigten sich die Teilnehmer des Festzuges tief. Dabei wiederholten sie mit sonderbar hohen Stimmen die Einladung in einem Refrain: „Bitte erweist uns die Ehre, den Kago zu betreten!"

Das Ehepaar war erstaunt und erfreut ob der Pracht des Umzuges, den man für sie arrangiert hatte. Gleichzeitig ahnten sie, dass das, was mit ihnen geschah, unerwartete Konsequenzen haben könnte. Es war jedoch zu spät, um umzukehren. Sie mussten das, was sie erwartete, so gut wie möglich durchstehen. Und so stiegen beide tapfer in die kunstvoll dekorierten Kago. Daraufhin umringten die Begleiter die Sänfte, die Träger hoben die Griffe schulterhoch und die gespenstische Reise konnte beginnen.

Die Nacht war finster und ruhig. Düstere Wolken bedeckten den Himmel. Nicht ein Schimmer des Mondes oder der Sterne erhellte den unbekannten Weg. Besorgt durch die Bambusjalousien spähend sah Tomosaburo nichts anderes als undurchdringliche Dunkelheit. Während der abenteuerlichen Reise machte das Paar eine seltsame Erfahrung. Es schien so, als würde die Sänfte nicht auf gewöhnliche Weise über den Boden getragen werden. Wie von einer geheimnisvollen, unsichtbaren Kraft angetrieben, glitt sie durch die Luft, gleich dem Flug eines Vogels. Als die Dunkelheit der Nacht etwas nachließ, konnten die beiden Passagiere gerade so die geschwungenen Umrisse eines großen Herrenhauses erkennen, das sich in einem weitläufigen und dicht bewaldeten Park zu befinden schien.

Die Träger schritten durch das große überdachte Tor und senkten ihre Last vorsichtig vor dem Haupteingang des Hauses ab. Dort wartete bereits eine Reihe von Bediensteten und Gefolgsleuten darauf, die Gäste mit eifriger Aufmerksamkeit willkommen zu heißen. Tomosaburo und seine Frau stiegen aus der Sänfte und wurden sogleich in einen großen, prächtigen Empfangsraum geführt. Sobald sie die Ehrenplätze[9] eingenommen hatten, servierte eine Schar von Dienstmädchen in zeremoniellen Kostümen Erfrischungen. Nachdem das Paar sich von den Strapazen der Reise erholt hatte, erschien ein Saaldiener und informierte die Neuankömmlinge, dass der Beginn der Hochzeitsfeier kurz bevorstand und dass ihre Anwesenheit unverzüglich erwünscht war. Die beiden leisteten der Anweisung folge. Auf dem Weg durchschritten sie eine ganze Reihe von großzügigen Vorräumen und langen Korridoren. Das gesamte Innere des Herrenhauses, die Pracht und die zarte Schönheit seiner Ausstattung, erfüllten ihre Herzen mit Staunen und Bewunderung. Die Böden glänzten wie Spiegel, so fein war die Qualität der verwendeten Hölzer. Die reich eingelegten Decken zeigten, dass bei der Auswahl all der hochwertigen und seltenen Materialien und deren Verarbeitung weder Kosten noch Mühen gescheut worden waren. Einige der Säulen bestanden aus den Stämmen versteinerter Bäume, die man von weit her gebracht hatte. In jedem Detail der Dekoration zeigte sich perfekter Geschmack und grenzenloser Reichtum.

Tomosaburo war höchst beeindruckt von dem, was er sah, und so folgte er gehorsam dem Saaldiener. Sie hatten schon fast ihr Ziel erreicht, als ein unheimliches und betäubendes Gefühl durch seine Adern kroch. Bei der Betrachtung der zahlreichen Bediensteten, die die Korridore auf dem Weg zur Haupthalle säumten, wurde ihm in einem schrecklichen Moment bewusst, dass ihre Gesichter denen von Freunden und Verwandten glichen, die längst verstorben waren. Doch keiner gab sich ihm zu erkennen. Allmählich verstand sein benommenes Gehirn, dass er in der Unterwelt angekommen war. Alles um ihn herum war unwirklich, wie ein Traum aus der Vergangenheit. Er schien das Opfer einer Halluzination geworden zu sein, bei der die Hochzeitsgäste, wie in einem trügerischen Maskenzug, dem Meido[10] entstiegen waren, diesem düsteren Königreich verstorbener Seelen!

Doch es blieb keine Zeit für Mutmaßungen. Sie hatten ihr Ziel erreicht und wurden in einen prächtigen Saal geführt, in dem bereits alle Vorbereitungen für das Fest getroffen und die Symbole der Eheschließung nach alter Sitte zurechtgelegt worden waren. Bräutigam und Braut saßen schon mit würdevoller Miene auf ihren Stühlen, beide in elegante Gewänder gekleidet, wie es dem Anlass angemessen war. Tomosaburo, der bei der Findung des Bräutigams für diese unerhörte Ehe eine so seltsame wie wichtige Rolle gespielt hatte, blickte interessiert auf den frisch verheirateten Ehemann, dessen volle dunkle Locken mit einer Adelskrone geschmückt waren. Er fragte sich, welche Rolle die von ihm auf Geheiß des Geistes geschnitzten Holzfiguren wohl bei der Schaffung des Bräutigams gespielt hatten. Seltsamerweise wiesen besonders dessen Gesichtszüge eine bemerkenswerte Ähnlichkeit mit den kleinen aus Kiri-Holz gefertigten Puppen auf.

Das Hochzeitspaar nahm gerade die Glückwünsche der versammelten Gäste entgegen. Doch kaum hatten Tomosaburo und seine Frau den Raum betreten, wendete sich die Gesellschaft ihnen zu, um sie zu begrüßen und ihnen dafür zu danken, dass sie mit ihrer Anwesenheit die Feier schmückten. Die beiden wurden zu ihren Ehrenplätzen geführt und mit großer Herzlichkeit dazu eingeladen, an der Abendunterhaltung teilzunehmen. Diener brachten Lackschalen mit Leckereien aller Art, das Fest nahm Fahrt auf und der Wein floss in Strömen. Die Gespräche und das Lachen, die das Zechgelage der gespenstischen Menge begleiteten, hallten durch den Bankettsaal.

Mit zunehmender Weinseligkeit ließ Tomosaburos Besorgnis nach. Er genoss die Speisen und Getränke und fühlte sich mehr und mehr zugehörig zu der fröhlich feiernden Gesellschaft. Die Zeit flog dahin und als die Mitternachtsstunde schlug, erreichte das Festmahl seinen Höhepunkt.

In der Euphorie dieses seltsamen Hochzeitsfestes hatte Tomosaburo jegliches Gefühl für die Zeit verloren, als plötzlich der schrille Klang eines Hahnenschreis in sein benebeltes Gehirn drang und die transparenten Felder der Shoji[11], die den Raum begrenzten, mit der hereinbrechenden Morgendämmerung langsam weiß wurden. Sogleich wurde die Feier unterbrochen und das Gästepaar wohlbehalten zu seinem Haus zurückgebracht.

Je mehr Tomosaburo nachdachte, umso mehr beunruhigten ihn die unheimlichen Erfahrungen, die er bei der Hochzeitsfeier gemacht hatte. Ihm war bewusst, dass er sich in einer prekären Situation befand. Nach reiflicher Überlegung kam er zu dem Entschluss, jede weitere Kommunikation mit dem aufdringlichen Geist zu vermeiden.

Als die Tage vergingen, keimte bei Tomosaburo Hoffnung auf, dass er den Geist nicht wiedersehen würde. Doch seine Freude war verfrüht. Eines Nachts, kaum hatte er sich zur Ruhe gelegt, schoss der vertraute Lichtstrahl aus der Laterne hoch und in dem grellen Schein erschien der Geist, der ganz offensichtlich wieder Unheil im Sinn hatte.

Tomosaburo verlor die Geduld. Mit eindringlichem Blick fixierte er den unerwünschten Besucher und ergriff sein hölzernes Kopfkissen[12], wild entschlossen, sich ein für alle Mal von seinem Verfolger zu befreien. Mit ganzer Kraft schleuderte er die Nackenstütze auf den Eindringling. Das Geschoss traf den Dämon direkt auf die Stirn, warf die Laterne um und tauchte den Raum in tiefste Dunkelheit. „Wa, Wa!" jammerte der Geist mit einem gespenstischen Schrei, der allmählich schwächer und schwächer wurde, wobei die Erscheinung wie eine leuchtende Spur blauen Rauches aus dem Raum verschwand.

Von dieser Stunde an zeigte Tomosaburos Frau erneut die Symptome ihrer früheren Krankheit. Ihr Zustand verschlechterte sich innerhalb von zwei Tagen dramatisch, bis sie schließlich verstarb. Der trauernde Ehemann bedauerte seine ungestüme Handlung zutiefst. Er hatte die Gunst vergessen, die ihm der Geist zuvor erwiesen hatte und durch seinen fatalen Wutanfall alles zerstört, was ihm wichtig war. Er richtete aufrichtige Gebete an die Erscheinung und entschuldigte sich in tiefstem Bedauern für sein aggressives und undankbares Handeln. Doch der empörte Geist der Laterne war nicht bereit zurückzukehren. Tomosaburos Reue für sein impulsives Handeln war vergebens.

Aufgrund der schrecklichen Erlebnisse entwickelte der unglückliche Ehemann eine starke Abneigung gegen das Haus, das er bewohnte und das von Geistern heimgesucht wurde. Er beschloss, dieses Viertel so schnell wie möglich zu verlassen. Nachdem eine geeignete Wohnung gefunden und die Einzelheiten des Umzugs geklärt waren, wurde ein Transportunternehmen beauftragt, das Mobiliar zum neuen Wohnsitz zu bringen. Doch zum Entsetzen aller konnten die Bediensteten keinen der Gegenstände von seinem Platz bewegen. Sie hafteten durch eine unsichtbare Kraft am Boden fest und keine irdische Kraft konnte sie von dort entfernen. Schließlich erkrankte und starb auch noch Tomosaburos kleiner Sohn. Dies war die Rache des Geistes aus der Laterne.

---

[1] Das Gebiet der auf Japans Haupthinsel Honshū gelegenen historischen Provinz Kai 甲斐国 entspricht der heutigen Präfektur Yamanashi 山梨県.

[2] Ōta Dōkan 太田 道灌, der von 1432 bis 1486 lebte, war Daimyo in der Provinz Musashi 武蔵国. Er gilt als Gründer der Stadt Tokyo. Im Jahre 1457 errichtete er an der Mündung des Sumida-Flusses 隅田川 in die Bucht von Tokyo 東京湾 eine Festungsanlage und änderte den Lauf des Nihonbashi-Flusses 日本橋川. Zu Beginn des 17. Jahrhunderts erbaute Tokugawa Ieyasu 徳川家康 an dieser Stelle die Burg Edo 江戸城 und machte sie zu seinem Regierungssitz. Heute findet man in Tokyo vor dem Bahnhof Nippori 日暮里駅 eine Reiterstatue zum Gedenken an Ōta Dōkan.

[3] Die mit der Akkupunktur verwandte Moxa-Therapie stammt ursprünglich aus der traditionellen chinesischen Medizin 中醫學. Dabei werden kleine Mengen von Beifußfaser auf bestimmten Körperstellen versengt, um darunter liegende Leiterbahnen, in denen die Lebensenergie Qi 氣 fließt, positiv zu beeinflussen. In Europa wurde die Therapie im 17. Jahrhundert populär, nachdem Angehörige der Niederländischen Ostindien-Kompanie darüber berichtet hatten.

[4] Die traditionelle japanische Laterne, Andon 行灯, wird seit der Edo-Zeit (1603–1868) in Wohnräumen verwendet. Sie besteht aus einem meist hölzernen Rahmengerüst, das mit durchscheinendem Washi-Papier 和紙 bespannt ist. Als Leuchtmittel wurden Kerzen, Rapsöl oder Fischöl verwendet.

[5] Zur magischen Macht des Schwertes in der japanischen und der europäischen Mythologie siehe Anmerkung 7 in „Der Räuber Kidomaru, der tapfere Raiko und der Spinnendämon".

[6] In japanischen Wohnungen findet man zwei Formen von Hausaltären. Im Inneren eines buddhistische Butsudan 仏壇 werden Buddha-Figuren und Täfelchen mit den Namen verstorbener Familienangehöriger aufbewahrt. Vor den schintoistischen Kamidana 神棚 werden den Gottheiten Gaben wie Reis, Früchte oder Sake dargebracht. Kamidana werden oft mit einem Götterseil, Shimenawa 注連縄, und mit Gohei 御幣, hölzernen Stäben, an denen Zickzackpapier befestigt ist, geschmückt. Hausaltäre

begannen sich in der Edo-Zeit zu etablieren. Zu einer landesweiten Verbreitung kam es erst in der Meiji-Zeit (1868–1912).

[7] Der chinesische Blauglockenbaum, der in Japan den Namen Kiri 桐 trägt, wird seit Jahrhunderten in der Schnitzkunst und zur Anfertigung von feuersicheren Schränken zur Aufbewahrung wertvoller Kimonos sowie von Musikinstrumenten wie der japanischen Zither, Koto 箏, verwendet. Der aus Würzburg stammende Forscher Franz von Siebold brachte den Baum im 19. Jahrhundert nach Europa.

[8] Kago 駕籠, die japanische Sänfte, war in der Edo-Zeit das bevorzugte Fortbewegungsmittel vornehmer Japaner. Der in ein Bambusgestell eingelassenen Tragekorb wurde durch ein Dach und seitliche Stoffbahnen gegen Sonne und Regen geschützt. Der Kago wurde von vier Männern auf den Schultern getragen.

[9] In der Edo-Zeit lag der Ehrenplatz, Kamiza 上座, in einem Raum am weitesten von der Tür entfernt, weil es dort am wärmsten und am sichersten vor Angriffen war. Das Sitzkissen, Zabuton 座布団, wurde dort so platziert, dass der Gast die Zimmernische, Tokonoma 床の間, im Rücken hatte.

[10] Die japanische Unterwelt Meido 冥土 kann mit dem christlichen Fegefeuer verglichen werden. Dort werden die Seelen Verstorbener geprüft, um anschließend in die Hölle, Jigoku 地獄, abzusteigen oder die Erlösung im Himmel, Tengoku 天国, zu finden. Um das Tor zur Unterwelt zu durchschreiten, muss man den Sanzu-Fluss 三途の川 überqueren, der in der Gegend des „Furcht-Berges“, Osore-zan 恐山, einem erloschenen Vulkan im Norden Japans, liegen soll.

[11] Siehe hierzu Anmerkung 7 in „Die Dämonin von Adachigahara“.

[12] Hölzerne Kopfkissen, Takamakura 高枕, die eigentlich harte Kopfstützen und keine weichen Kissen waren, wurden von Geishas verwendet, um ihre kunstvolle Frisur auch während des Schlafes zu erhalten. Vermutlich haben auch Samurai Takamakura verwendet, um ihren Zopf, Chonmage 丁髷, zu schonen.

Die Dame aus der Zeichnung

Vor vielen Jahren, lange vor unserer Zeit, lebte in Yedo ein junger Mann namens Toshika. Seine Familie gehörte zum adeligen Rang der Hatamoto-Samurai[1], jener Ritter, die das Recht besaßen, direkt unter der Flagge des Shogun in den Kampf zu ziehen. Sein Vater war ein hoher Beamter im Tokugawa-Shogunat[2]. Toshika selbst war von trägem und verträumtem Gemüt. Er interessierte sich für die Wissenschaft, übte aber keinen Beruf aus. Er nahm das Leben leicht und bewohnte nach Abschluss seines Studiums ein Haus in einem Vorort von Aoyama[3]. Toshika hatte nur wenig Interesse an sozialen Kontakten. Bis auf gelegentliche Besuche bei seinen Eltern oder bei seinem besten Freund ging er nie irgendwohin. Der Welt entrückt verbrachte er seine Tage ruhig und entspannt, las Bücher, pflegte und goss seine Blumen, übte die Teezeremonie, komponierte Gedichte und spielte auf der Flöte. Der talentierte junge Mann interessierte sich auch für die schönen Künste. Er sammelte Kuriositäten sowie Gemälde und berühmte Kalligraphien, wie sie von allen Japanern geschätzt wurden.

Eines Tages erhielt Toshika Besuch von einem Freund, den er schon seit Monaten nicht mehr gesehen hatte. Dieser war gerade von einer Reise in die Hafenstadt Nagasaki[4] zurückgekehrt. Als Geschenk hatte er Toshika eine chinesische Zeichnung mitgebracht, auf der eine schöne Frau abgebildet war, in der Hoffnung, dass sie seinem Freund gefallen würde. Toshika war hocherfreut über das Bild, das seine Sammlung prächtig ergänzte. Auch bei sorgfältiger Begutachtung konnte er keine Signatur entdecken. Dennoch glaubte er zu wissen, dass es von einem bekannten Künstler der Shin-Ära[5] stammte. Es war das Portrait einer Frau im besten Jugendalter. Intuitiv fühlte Toshika, dass der Künstler die Züge seines Modells meisterhaft getroffen hatte. Das Gesicht war von strahlender Schönheit. Je länger er es betrachtete, umso mehr war er von ihrem Charme betört. Er brachte das Meisterwerk in sein Zimmer und hängte es in die Bildernische. Wann immer er sich einsam fühlte, zog er sich in seine Kammer zurück und setzte sich stundenlang vor die Zeichnung, sah sich die junge Frau an und sprach sogar mit ihr.

Im Laufe der Zeit schien das Gemälde allmählich lebendig zu werden und Toshika begann, das abgebildete Geschöpf als leibhaftiges Wesen zu betrachten. Er fragte sich, wer die Frau wohl war, die dem Künstler Modell gestanden hatte. Wie sehr er den Zeichner beneidete, dass ihm das Glück gewährt worden war, ihre Schönheit zu erblicken. Mit jedem Tag schien die Gestalt lebendiger und ihre Mimik ausdrucksstärker zu werden. Während er das Bild der Dame betrachtete, sehnte sich Toshika danach, mehr über sie zu erfahren. Der pathetische Ausdruck in ihrem Gesicht und der wehmütige Blick ihrer dunklen, sanften Augen erwärmten sein Herz, wie es sonst nur die Musik vermochte. Toshika himmelte die wundervolle Zeichnung an, die in der Nische schwebte, und als die Verliebtheit wuchs, stellte er täglich ein Arrangement der schönsten Blumen davor. Nachts war seine Bettdecke so ausgerichtet, dass die Dame auf der Zeichnung das Letzte war, was er sah, bevor er zum Schlaf die Augen schloss.

Toshika hatte schon viele seltsame Geschichten gelesen, in denen von großen Künstlern berichtet wurde, die mit übernatürlichen Kräften ausgestattet waren. Sie konnten die Seelen der Originale, seien es Menschen oder Tiere, auf das Papier bannen und ihnen durch ihre außergewöhnlichen Fähigkeiten und spirituellen Kräfte Leben einhauchen. Je mehr seine Leidenschaft wuchs, umso mehr glaubte der junge Liebhaber, dass die Seele der Frau, die auf dem Portrait dargestellt war, tatsächlich in der Zeichnung lebte. Bei diesen Gedanken stellte er sich vor, wie sich ihre Brust beim Atmen hob und senkte und wie ihre Lippen, so hell wie die scharlachrote Knospe eines Granatapfels, sich zu bewegen schienen, als wollten sie zu ihm sprechen. Eines Abends erschien ihm die Gegenwart der Frau so wirklich, dass er sich vor sie niedersetzte, um ein chinesisches Gedicht zu verfassen, das ihre Schönheit pries. Die Bedeutung der Worte war ungefähr so:

Eure Schönheit gleicht der einer Sonnenblume
Rund wie ein drei Nächte alter Halbmond, Eure gewölbten Brauen
Eure Lippen, wie feuchte Kirschblüten im Morgengrauen
Wie Flocken von frisch gefallenem Schnee, Eure Hände
Euer Haar, so blauschwarz wie die Flügel eines Raben
Und wenn die Sonne durch Wolkenrisse späht
Schimmert Euer wundervoller Körper durch die Gewänder
Zutiefst verwirrt mich die Frische Eurer Wangen
So reines, so zartes Elfenbein, umwabert von rosigem Nebel
Und wie ein scharfes Schwert durchbohrt meine Brust
Der Zauber Eurer dunklen Augen
Ah, während ich das Bild Eures Körpers betrachte

Fühle ich die Seele, die ihm innewohnt
Wahrlich, Ihr lebt und kennt meine Liebe zu Euch!
Derjenige, der eine solch wundere Gabe unversehens schenkt
Ist wahrlich ein Bote der Götter
Vom Himmel gesandt, um unsere Seelen zu vereinen
Leider wurdet Ihr in einem fernen Land geboren
Weit weg von allen, die Euch schätzten
In der Ferne muss Euer Herz einsam sein
Ihr sehnt Euch nach einem Partner, der Euch liebt und verehrt
Aber seid nicht traurig, meine Geliebte aus der Zeichnung
Denn die fürsorglichen Flügel der Zeit werden Euch niemals verletzen
Gegen vergiftete Pfeile des Schicksals seid Ihr immun
Angst und Trauer werden niemals Euer Herz ergreifen
Und niemals wird Euch die Schönheit verlassen
Während irdische Wesen verdorren und verfallen
Werden Krankheiten an Euch vorübergehen
Denn Kunst kann Wunder bewirken, wo Liebe machtlos ist
Sie macht Euch unsterblich
Ah, könnten die Götter meine Gebete erhören
Von meinem wilden Herzen und meinem leidenschaftlichen Verlangen
Tretet aus Eurer abgeschiedenen Nische heraus
Steigt aus der Zeichnung an der Wand herunter
Meine Seele dürstet nach Eurer Gegenwart
Um meine Tage mit Verzückung zu krönen – werdet meine Frau!
Wie schnell würden dann die Stunden vergehen
In völliger Glückseligkeit und Ekstase der Liebenden
Mein Leben, liebe Königin, widme ich Euch
Ah! Dann werden daraus tausend Leben!

Toshika musste selbst lachen, als ihm die Unmöglichkeit seines Hirngespinstes bewusst wurde. Die Hoffnung, die er ihr und sich selbst gegenüber geäußert hatte, war eine Träumerei und weit entfernt von der harten Welt des Alltags. Angenommen, dieses wunderschöne Wesen hätte jemals gelebt und das Porträt wäre ihr tatsächlich ähnlich, dann müsste sie vor Ewigkeiten gestorben sein, lange bevor er geboren wurde. Nachdem er das Gedicht sorgfältig niedergeschrieben hatte, legte er es über die Bildrolle und las es vor, wobei er die Dame des Bildes direkt ansprach.

An einem herrlichen Frühlingstag saß Toshika in seinem Zimmer, die Schiebetüren weit zum Garten hin geöffnet. Der Duft der Pfirsichblüten wurde durch einen Windhauch in den Raum geweht, und als das Tageslicht in eine sanfte Dämmerung überging, beleuchtete der Halbmond die beschauliche Szene mit seinen zarten, juwelenhellen Strahlen. Toshika fühlte sich unsagbar glücklich und konnte nicht sagen warum. In Gedanken versunken saß er dort alleine und las bis tief in die Nacht hinein.

Plötzlich, in der Stille der Nacht, schreckte ihn ein Rascheln auf, das von hinten aus der Bildernische zu ihm drang. Beim Umdrehen realisierte er in atemlosem Erstaunen, dass die Zeichnung zum Leben erweckt worden war. Die schöne Frau, die er so sehr bewunderte, löste sich von dem Papier, auf dem sie abgebildet war, trat auf die Tatamimatten und glitt leichtfüßig auf ihn zu. Er wagte kaum zu atmen. Sie näherte sich ihm und kniete schließlich ihm gegenüber auf der anderen Seite seines Schreibtisches nieder. Dabei grüßte sie und verbeugte sich tief. Toshika war sprachlos ob ihrer Schönheit und ihrer Anmut. Er konnte sie nur ansehen, denn sie war schöner als jede andere, die er jemals gesehen hatte. Endlich sprach sie, und ihre Stimme klang für ihn wie die tiefen, klaren Laute einer Nachtigall, die in der Dämmerung in den Pflaumenblütenhainen tirilierte.

„Ich bin gekommen, um Euch für Eure Hingabe und Liebe zu danken. Eine so nutzlose, unattraktive Kreatur wie ich sollte es nicht wagen, vor Euch zu erscheinen, aber die Schönheit Eures Gedichts war unwiderstehlich und ließ mich aus dem Bild herabsteigen. Ich war so bewegt von Eurem Mitgefühl, dass ich die Verpflichtung verspürte, Euch persönlich meine Dankbarkeit auszudrücken. Wenn Ihr wirklich so von mir denkt, wie Ihr geschrieben habt, dann lasst mich für immer bei Euch bleiben."

Toshika freute sich sehr, als er diese Worte hörte. Er streckte seine Hand aus, um ihre zu ergreifen und sprach: „Seit Ihr in mein Haus gekommen seid, ist meine Liebe zu Euch entbrannt. Als Mann und Frau werden wir für immer glücklich sein. Sagt mir Euren Namen und wer Ihr seid und woher Ihr kommt."

Sie antwortete mit einem unbeschreiblichen Lächeln, während die Tränen in ihren Augen glitzerten: „Ich heiße Shorei. Der Name meines Vaters ist Sai. Er stammt von dem berühmten Kinkai ab. In China lebten wir in einem Ort namens Kinyo. Eines Tages, als ich achtzehn Jahre alt war, kamen Banditen, überfielen unser Dorf und entführten mich und die anderen Frauen und Mädchen. So wurde ich von meinen Eltern getrennt und sah sie nie mehr wieder. Viele Monate zogen die Banditen mit mir von Ort zu Ort. Dann wurde ich von anderen bösen Männern geraubt und als Sklavin verkauft. Die Schrecken, Ängste und Qualen, die ich in meinem hoffnungslosen Elend ertragen musste, sind unvorstellbar. Jede Stunde des Tages sehnte ich mich danach, zu erfahren, wie es meinen Eltern ergangen war. Doch bis heute weiß ich nicht, was aus ihnen geworden ist. Eines Tages kam ein Künstler in das Haus, in dem ich gefangen gehalten wurde und nahm alle Frauen dort in Augenschein. Er war fasziniert von meinem Gesicht und beschrieb mich als den Mond unter den Sternen. Dann zeichnete er mein Bild und zeigte es allen seinen Bekannten. Auf diese Weise wurde ich berühmt, denn alle sprachen nun von meiner Schönheit und wollten mich sehen. Doch ich konnte mein Leben nicht länger ertragen, so unglücklich war ich über mein eigenes Los und das ungewisse Schicksal meiner Eltern. Schließlich wurde ich krank und verstarb sechs Monate später. Und jetzt bin ich in Euer Land und zu Euch gekommen. Das kann kein Zufall sein. Wir sind füreinander bestimmt."

Als der junge Mann die traurige Geschichte der unglücklichen Frau hörte, durchströmte tiefes Mitgefühl sein Herz. Er liebte sie nun noch mehr als zuvor und glaubte, all das Elend wiedergutmachen zu müssen, dem sie in ihrem vergangenen Leben ausgesetzt war. Dann begannen sie, gemeinsam poetische Werke zu verfassen. Toshika stellte fest, dass Shorei eine literarische Ausbildung genossen hatte. Sie beherrschte die Kalligraphie und alle Gedichtformen, die ihm bekannt waren. Sein Herz war erfüllt von großer Freude, denn er hatte nicht nur eine Frau, sondern eine Seelenverwandte gefunden. Beide waren sehr an einem freundschaftlichen dichterischen Wettstreit interessiert. Und so lasen sie einander aus ihren Werken vor, um zu vergleichen und sich gegenseitig zu kritisieren.

Gerade in dem Moment, in dem Toshika Shorei eines seiner Gedichte vortrug, erwachte er und stellte fest, dass er alles nur geträumt hatte. Er schaute zu der Bildernische, unfähig zu glauben, dass seine wundervollen Erlebnisse nur einem Traum entsprungen sein sollten. Dort hing das von ihm so sehr geschätzte Bild, und die entzückende Gestalt der jungen Frau war noch immer in lebendigen Pinselstrichen auf dem Papier festgehalten. War das alles eine Täuschung? Als er ihr wunderschönes Gesicht betrachtete, erinnerte er sich klar und deutlich an die Ereignisse. Der süße Mund lächelte ihn an, genau wie Shorais Mund in der Vision des Vorabends. Voller Ungeduld wartete er auf den Einbruch der Dunkelheit. Er hoffte, dass er Shorai im Schlaf erneut begegnen konnte. Tatsächlich, Nacht für Nacht erschien sie in seinen Träumen. Er sprach mit niemandem über seine glücklichen Erlebnisse. Toshika glaubte, dass die magische Kraft seiner Dichtung die Seele des meisterhaften Porträts zum Leben erweckt hatte. Vor vielen Jahrhunderten war diese unglückselige Frau gestorben und nun kehrte sie durch seine Liebe zurück, hervorgelockt durch seine eigenen Verse.

Sechs Monate vergingen und Toshika wünschte sich nichts mehr im Leben, als Shorei für immer zur Frau zu haben. Doch eines Nachts sah sie sehr traurig aus. Sie saß wie üblich an seinem Schreibtisch, aber anstatt sich zu unterhalten oder zu dichten, fing sie an zu weinen. Toshika war bestürzt. Noch nie zuvor hatte er sie so deprimiert gesehen. „Sagt mir, was ist geschehen?", fragte er besorgt, „Seid Ihr nicht glücklich mit mir?"

"Ah nein, das ist es nicht," antwortete Shorai und versteckte dabei ihr Gesicht hinter dem Ärmel ihres Kimonos. Sie schluchzte: „Niemals hätte ich mir das Glück erträumt, das Ihr mir gegeben habt. Weil wir so glücklich miteinander sind, kann ich den Schmerz der Trennung nicht ertragen. Doch ich muss Euch jetzt leider verlassen. Unsere Seelenverwandtschaft in dieser Welt hat nun ein Ende."

Toshika konnte ihre Worte kaum glauben. Er sah sie verzweifelt an und fragte: „Warum müssen wir uns trennen? Ihr seid meine Frau und ich werde niemals eine andere heiraten. Sagt mir doch, warum Ihr von Abschied sprecht."

„Morgen werdet Ihr es verstehen", antwortete sie geheimnisvoll. „wir können uns zwar nicht mehr wie gewohnt treffen, aber wenn Ihr mich nicht vergesst, sehen wir uns vielleicht bald wieder."

Toshika streckte seine Hand nach ihr aus, um sie festzuhalten, doch sie war bereits aufgestanden und ging zur Bildernische. Während er ihr flehend nachschaute, verschwand sie allmählich aus seinen Augen und war schließlich ganz verschwunden. Toshikas Verzweiflung war unbeschreiblich. Er glaubte, seine ganze Lebensfreude ginge mit Shorei verloren. Ein Leben ohne sie konnte er nicht ertragen. Langsam öffnete er die Augen und sah sich im Raum um. Er hörte die Spatzen auf dem Dach zwitschern, und im Licht der

Morgendämmerung schien die Flamme der Nachtlaterne zum sanften Glühen eines Leuchtkäfers zu schwinden. Er stand auf und schob die hölzernen Schiebetüren zurück, die das Haus nachts vollständig schlossen. Er stellte fest, dass er lange geschlafen hatte, denn die Sonne stand bereits hoch am Himmel. Lustlos absolvierte er die Morgentoilette und auch das Frühstück bereitete ihm keine Freude. Die Bediensteten sorgten sich und befürchteten, dass ihr Herr erkrankt war.

Am Nachmittag kam ein Freund, um Toshika zu besuchen. Nach dem Austausch der üblichen Begrüßungsformalitäten brachte der Besucher das Gespräch auf den Punkt: „Ihr habt doch jetzt das Alter erreicht, um zu heiraten. Wollt Ihr Euch nicht bald eine Frau nehmen? Ich kenne ein hübsches Mädchen, das gut zu Euch passen würde, und ich bin gekommen, um sie Euch zu empfehlen."

Toshika antwortete höflich aber bestimmt: „Bitte macht Euch keine Sorgen um mich. Ich habe zurzeit nicht die geringste Absicht zu heiraten." Dabei schüttelte er entschlossen den Kopf. Der Freund sah an Toshikas Gesichtsausdruck, dass keine Chance bestand, ihn umzustimmen. Nach einer kurzen Unterhaltung zu belanglosen Themen verabschiedete er sich und ging nach Hause.

Kaum war der Freund gegangen, erschien Toshikas Mutter. Wie immer brachte sie ihm Geschenke mit, von denen sie wusste, dass er sie mochte – Schachteln mit seinem Lieblingsgebäck und seidene Gewänder für den Frühling. Er bedankte sich für ihre Liebe und Fürsorge und versuchte, während des Besuches fröhlich und munter zu wirken. Doch sein Herz schmerzte. Er konnte an nichts anderes denken als an den Verlust von Shorei. Er fragte sich, ob ihr Abschied endgültig war oder ob sie, wie vage angedeutet, zu ihm zurückkehren würde. Um sie noch einmal in seinen Armen zu halten, würde er den Rest seines Lebens geben.

Toshikas Mutter bemerkte seine Besorgnis und sah ihn immer wieder ängstlich an. Schließlich senkte sie die Stimme und sprach: „Toshika, hör mich an! Dein Vater und ich, wir denken beide, dass du nun in einem Alter bist, in dem du heiraten solltest. Du bist unser ältester Sohn und bevor wir sterben, möchten wir deine Kinder sehen und sicher sein, dass unser Familienname weitergegeben wird, wie es Tradition ist. Wir kennen ein schönes Mädchen, das dir eine perfekte Ehefrau sein wird. Sie ist die Tochter eines alten Freundes, und ihre Eltern sind bereit, sie dir zur Frau geben. Wir möchten nur deine Zustimmung zur Vermittlung der Ehe."

Als seine Mutter den Grund ihres Besuchs offenbart hatte, verstand Toshika die Bedeutung von Shoreis Warnung und er sagte zu sich: „Ah, das hat Shorei also gemeint – sie hat meine Ehe vorhergesehen, denn sie hat gesagt, dass ich ihre Worte heute verstehen würde. Aber gleichzeitig hat sie versprochen, mich wiederzusehen – das ist alles sehr seltsam!"

In dem Gefühl, dass sein Schicksal ihn nun ereilte, stimmte er dem Vorschlag seiner Mutter zu. Diese kehrte hocherfreut nach Hause zurück. Sie hatte nicht daran gezweifelt, dass der Sohn ihren Wünschen entsprechen würde, denn er hatte ihre Anweisungen bislang immer befolgt. In Erwartung seiner Zustimmung zur Ehe hatte sie bereits Verlobungsgeschenke gekauft, und diese wurden bereits am nächsten Tag zwischen den beiden Familien ausgetauscht.

Tag für Tag betrachtete Toshika die Zeichnung in der Bildernische. Dies war sein einziger Trost, denn seine geliebte Shorei besuchte ihn nicht mehr in seinen Träumen. Ohne sie war sein Leben sinnlos, sein Herz sehnte sich so sehr nach ihr. Hätte sie ihm nicht versprochen zurückzukehren, er wäre des Lebens müde geworden. Er glaubte jedoch, dass sie ihn noch immer liebte und auf die eine oder andere Weise ihr Versprechen einlösen würde. Darauf wartete er und versuchte, nicht an die bevorstehende Ehe zu denken. Er war ein loyaler Sohn und wusste, dass er seine Pflicht gegenüber den Eltern und der Familie erfüllen musste.

Wie die Tage vergingen, bemerkte Toshika, dass die Zeichnung allmählich ihre wundersame Vitalität verlor. Aus dem Gesicht der jungen Frau schwand der stolze Ausdruck und an ihrem Körper verblassten die lebhaften Farbtöne. Schließlich erschien ihm die Zeichnung wie ein gewöhnliches Bild. Ihm fehlte die Zeit, um über diese Veränderung nachzudenken, denn seine Mutter rief ihn zu sich, um ihn auf die Ehe vorzubereiten. Alles war bereits zurechtgelegt in Erwartung des bevorstehenden Ereignisses. Schließlich brach der bedeutsame Tag an. Stolz brachte seine Mutter ihm ihre selbstgewebten Hochzeitsgewänder. Wie im Traum legte Toshika sie an und nahm die Glückwünsche seiner Verwandten, Gefolgsleute und Bediensteten entgegen.

In jenen Tagen war es üblich, dass das Paar sich vor der Hochzeitszeremonie nicht sah. Als die Braut in den Raum geführt wurde und sich neben ihn setzte, war er außer sich vor Freude. Es war keine Fremde, sondern die Geliebte aus der Zeichnung, dieselbe Person, die er bereits in seinen Träumen zur Frau genommen hatte. Und doch war sie nicht ganz dieselbe, denn als Toshika sie einige Tage später freudig zu sich nach Hause führte und sie mit dem Porträt verglich, war sie sogar noch zehnmal schöner.

---

[1] Der der Rang des Hatamoto-Samurai 旗本侍 entstand in der Sengoku-Periode 戦国時代 (1477–1573), der Zeit der streitenden Reiche. Die Hatamoto-Samurai bildeten die Elitetruppe der Daimyos, später der Shogune. In der Edo-Zeit (1603–1868) wurden die Hatamoto-Samurai aus den Familien rekrutiert, die in der Schlacht von Sekigahara 関ヶ原の戦い auf Seiten des Tokugawa-Shogunats gekämpft hatten. Mit dem Bakumatsu 幕末 in der zweiten Hälfte des 19. Jahrhunderts wurde der Titel des Hatamoto-Samurai abgeschafft.

[2] Das Tokugawa-Shogunat 徳川氏 wurde im Jahre 1603 von dem dritten der drei Reichseiniger Tokugawa Ieyasu 徳川 家康 begründet. Die Herrschaft der Tokugawa-Shogune, die in Edo residierten, hielt bis zur Meiji-Restauration 明治維新 im Jahre 1868 an.

[3] Heute ist Aoyama 青山, das im Nordwesten des Minato-Bezirks 港区 liegt, eines der populärsten Einkaufs- und Unterhaltungsviertel von Tokyo. In der Edo-Zeit lagen dort die Häuser reicher Samurai. Der Name des Viertels leitet sich von dem Samurai Aoyama Tadanari 青山忠成 ab, der von 1551 bis 1613 lebte und dort ebenfalls eine Residenz unterhielt. Er nahm im Jahre 1600 an der Schlacht von Sekigahara teil, wo er Tokugawa Hidetada 徳川秀忠, dem zweiten Tokugawa-Shogun diente.

[4] Während der Zeit der Landesabschließung, Sakoku 鎖国, von 1639 bis 1853, waren die Handelsbeziehungen zwischen Japan und China stark eingeschränkt. Eine zentrale Rolle spielte der im Hafengebiet von Nagasaki gelegenen Handelsstützpunkt Tōjinyashiki 唐人屋敷, über den chinesische Waren nach Japan gelangten. Das abgeschirmte Stadtviertel nahm für die Chinesen eine ähnliche Rolle ein, wie der ebenfalls in Nagasaki angesiedelte Stützpunkt Dejima 出島 für die Niederländische Ostindienkompanie.

[5] Möglicherweise meint Yei Theodora Ozaki die chinesische Jin-Dynastie 金朝 (1125–1234).

Der Tempel im Banne des Mujina

Vor langer Zeit lebte in der Stadt Kumamoto[1] im Süden Japans ein junger Samurai, der gerne und oft zum Fischen ging. Oft brach er schon früh morgens auf, ausgerüstet mit einem großen Korb und allerlei Gerät, verbrachte den ganzen Tag am Wasser und kehrte erst nach Einbruch der Dunkelheit nach Hause zurück. Eines schönen Tages war ihm mehr Glück beschieden als sonst. Schon am Nachmittag war sein Korb bis zum Rand gefüllt. Leichten Herzens machte er sich auf den Weg nach Hause und sang dabei fröhliche Lieder. Es dämmerte bereits, als sein Weg ihn an einem verlassenen buddhistischen Tempel vorbeiführte. Das Tor stand halb offen und hing lose an seinen Scharnieren. Der ganze Ort sah heruntergekommen und verfallen aus. Umso mehr überraschte den jungen Mann, in dieser verlassenen Umgebung ein hübsches junges Mädchen anzutreffen, das direkt an dem Tor stand. Als er näherkam, trat sie vor und sah ihn mit freundlichen Blicken an, so als wollte sie ihn auffordern, ein Gespräch zu beginnen. Der Samurai fand ihr Verhalten etwas seltsam und war zunächst auf der Hut. Eine geheimnisvolle Kraft zwang ihn jedoch stehenzubleiben, um das wunderschöne Geschöpf zu bewundern, das in seiner düsteren Umgebung wie eine Blume erblühte. Als sie sein Zögern bemerkte, gab sie ihm ein Zeichen, sich zu nähern. Ihre Anmut war so beeindruckend und das Lächeln, mit dem sie ihre Geste begleitete, so unwiderstehlich, dass er halb unbewusst die Steintreppe hinauf durch das offene Portal ging und den Hof betrat, in dem sie auf ihn wartete. Das Mädchen verneigte sich höflich, drehte sich dann um und ging den steinernen Weg weiter hinauf zum Tempel. Auch das Innere der Anlage war in einem äußerst traurigen Zustand und es sah so aus, als wäre sie seit vielen Jahren verlassen worden.

Als sie das Haus des buddhistischen Priesters erreichten, stellte der Samurai fest, dass sich das Innere des Gebäudes in einem besseren Erhaltungszustand befand als das Äußere vermuten ließ. Der Blick von der Veranda aus in den vorderen Raum zeigte, dass die Tatamimatten immer noch vorzeigbar waren und dass ein sechsteiliger Wandschirm[2] die Kammer schmückte. Mit einer anmutigen Geste bedeutete das Mädchen ihrem Gast, sich am Ehrenplatz[3] vor der Bildernische niederzulassen.

„Lebt hier der Bonze[4]?“, fragte der junge Mann, als er sich setzte.

„Nein", antwortete das Mädchen, „es gibt hier keinen Priester mehr. Ich bin gestern zusammen mit meiner Mutter hier angekommen. Sie ist in das nächste Dorf gegangen, um ein paar Dinge einzukaufen und wird möglicherweise erst morgen zurückkehren. Erweist mir die Ehre und ruht Euch hier eine Weile aus. Ich werde Euch Erfrischungen bringen."

Das Mädchen schien zur Küche zu gehen, um einen Tee zuzubereiten, doch sie kehrte nicht zurück. Der Mond war bereits aufgegangen und schien in den Raum, der taghell erleuchtet war. Der Samurai begann sich über das Verhalten des Mädchens zu wundern, die ihn hierhergebracht hatte, um dann zu verschwinden und ihn alleine zurückzulassen. Plötzlich erschrak er, als jemand laut hinter dem Wandschirm nieste. Er drehte sich um und zu seinem großen Erstaunen trat nicht das hübsche Mädchen hervor, sondern ein riesenhafter Priester mit rotem Kopf und kahlgeschorenem Schädel. Er muss wohl über zwei Meter groß gewesen sein, denn sein Kopf ragte fast bis zur Decke. In der rechten Hand trug er einen geheimnisvollen Stab, den er bedrohlich schwenkte.

„Wie könnt Ihr Euch erdreisten, mein Haus ohne meine Erlaubnis zu betreten?", schrie der grimmig dreinschauende Riese. „Wenn Ihr nicht sofort verschwindet, werde ich Euch hinausprügeln!"

Der junge Mann erschrak, sprang auf und rannte so schnell seine Füße ihn trugen aus dem Tempel. Auf der Flucht hörte er hinter sich ein lautes Lachen, das auch dann nicht verstummte, als er am Tor haltmachte. Plötzlich fiel ihm ein, dass er in der Aufregung seinen Korb, der mit Fischen gefüllt war, im Tempel zurückgelassen hatte. Groß war sein Ärger, denn noch nie hatte er an einem einzigen Tag so viele Fische gefangen. Doch er hatte nicht den Mut zurückzugehen und so blieb ihm keine andere Wahl, als mit leeren Händen nach Hause zurückzukehren.

Am nächsten Tag erzählte er seinen Freunden von dem seltsamen Erlebnis. Sie machten sich über ihn lustig und einige deuteten an, dass das verführerische Mädchen und der aggressive Riese wohl nur Halluzinationen waren, hervorgerufen durch den Genuss von Sake. Schließlich sagte ein Mann, der ein guter Schwertfechter war: „Oh, du bist wohl von einem Mujina[5] getäuscht worden, der es auf deine Fische abgesehen hatte. Niemand lebt in diesem Tempel. Er ist verlassen, seit ich mich erinnern kann. Ich werde heute Abend dorthin gehen und dem Unwesen ein Ende setzen." Dann ging er zum

Markt, kaufte einen großen Korb mit Fischen und lieh sich eine Angelrute. So ausgerüstet wartete er ungeduldig auf den Sonnenuntergang.

Als die Dämmerung hereinbrach, schnallte der Krieger sein Schwert um und machte sich auf den Weg zum Tempel. Vorsichtig schulterte er seinen Köder, mit dem er dem Mujina das Handwerk legen wollte. Selbstbewusst lachend machte er sich Mut und sprach: „Ich werde dem alten Burschen eine Lektion erteilen!“ Als er die Ruine erreichte, erwarteten ihn zu seiner Überraschung nicht nur ein Mädchen, sondern drei. „Oho! Daher weht der Wind. Aber der listige alte Halunke wird mich nicht so einfach zum Narren halten.“

Kaum hatte das hübsche Trio ihn entdeckt, luden die Mädchen ihn gestenreich ein, das Tempelgelände zu besuchen. Ohne zu zögern folgte er ihnen in das Gebäude und setzte sich kühn auf die Matten. Sie brachten ihm Tee mit Kuchen und schließlich auch noch einen Krug mit Wein, den sie in einen großen Becher füllten. Der Schwertkrieger bediente sich weder am Tee noch am Wein. Stattdessen beobachtete er aufmerksam das Verhalten der drei Mädchen. Die schönste von ihnen hatte bemerkt, dass er die gereichten Erfrischungen verschmäht hatte und fragte „Warum trinkt Ihr nicht etwas Sake?“

„Ich mag weder Tee noch Sake“, antwortete der tapfere Gast, „aber wenn ihr mich mit Tanz und Gesang unterhalten könnt, wäre ich Euch sehr verbunden.“

„Oh, welch ein anständiger Mann ihr doch seid! Wenn Ihr nicht trinkt, dann wisst Ihr sicher auch nichts von der Liebe. Welch triste Existenz ihr wohl fristet! Aber wir könnten ein wenig für Euch tanzen. Schaut her, wenn Ihr Euch dazu herablassen wollt. Gerne werden wir Euch mit unserem Tanz erfreuen, obwohl wir doch so unbegabt sind.“

Die Mädchen öffneten ihre Fächer und begannen für ihn zu posieren und zu tanzen. Sie zeigten dabei so viel Geschick und Anmut, dass der Schwertkämpfer sich fragte, wie sie dies hier auf dem Land erlernt haben konnten. Je länger er sie beobachtete, umso mehr verlor er seine ursprüngliche Mission aus den Augen. Voller Bewunderung verfolgte er jeden Schritt, jede Bewegung. Er vergaß sich völlig, fasziniert von der Schönheit ihres Tanzes.

Plötzlich sah er, dass die drei Mädchen ihre Köpfe verloren hatten! Völlig verwirrt beobachtete er sie eine Weile, um sicherzugehen, dass er nicht träumte. Und siehe da! Jede von ihnen hielt ihren eigenen Kopf in den Händen. Sie warfen ihn hoch in die Luft, um ihn dann wieder aufzufangen. Wie beim Ballspiel übermütiger Kinder flogen die Köpfe von einer zur anderen. Dann warf die kühnste der drei dem jungen Schwertkämpfer ihren Kopf zu. Er fiel zu Boden, sah in an und lachte ihn aus. Verärgert über die Dreistigkeit des Mädchens warf er den Kopf angewidert zu ihr zurück und zog seine Waffe. Mehrere Versuche, die dämonische Tänzerin niederzustrecken, während sie ihr lachendes Haupt spielerisch hin und her warf, schlugen fehl. Sie war zu schnell für ihn und schoss wie der Blitz aus der Reichweite seines Schwertes. „Warum triffst du mich nicht", rief sie spöttisch. Beschämt wegen seines Versagens machte er einen weiteren verzweifelten Versuch, doch sie wich mit einer geschickten Bewegung aus und sprang auf den oberen Rand des Wandschirms. „Ich bin hier! Kannst mich wieder nicht treffen?" Erneut lachte sie ihn höhnisch aus. Wieder stieß er nach ihr, doch sie war zu flink für ihn und entkam zum dritten Mal. Dann setzten die drei Mädchen ihre Köpfe zurück auf die Hälse, nickten ihm kurz zu und verließen den Ort unter schreiendem Gelächter.

Als der junge Mann zur Besinnung kam, blickte er sich vorsichtig um. Helles Mondlicht beleuchtete den unheimlichen Ort, und in der Stille der Nacht war nur das leise Zirpen der Insekten zu vernehmen. Sein Korb mit Fischen war verschwunden. Ihm wurde klar, dass auch er in den Bann des gespenstischen Mujina geraten war. Wie sein Freund, über den er am Tag zuvor so herzhaft gelacht hatte, war er von der listigen Kreatur mittels Zauber überlistet worden. Obwohl er zutiefst verärgert war, sah er keine Chance, sich zu rächen. Das Einzige, was er tun konnte, war, seine Niederlage einzugestehen und nach Hause zurückzukehren.

Unter seinen Freunden befand sich ein Arzt, der nicht nur tapfer war, sondern auch intelligent. Als dieser hörte, wie der gedemütigte Schwertkämpfer hereingelegt worden war, sagte er: „Überlasst das jetzt mir. Innerhalb von drei Tagen werde ich den alten Mujina fangen und ihn für seine bösen Streiche bestrafen." Dann ging er nach Hause, um zwei Portionen eines herzhaftes Fleischgerichtes zuzubereiten. Unter eine davon mischte er ein tödliches Gift. Gegen Abend packte er die getrennten Portionen und eine Flasche Sake ein und machte sich auf den Weg zu dem verfallenen Tempel.

Als der Arzt den moosbewachsenen Innenhof des alten Gebäudes betrat, fand er es einsam und verlassen vor. Dem Beispiel seiner Freunde folgend betrat er das Zimmer des Priesters. Er war sehr gespannt, was ihm widerfahren würde, aber entgegen seiner Erwartung blieb der Raum leer und ruhig. Er wusste, dass die dämonischen Mujina listige Wesen waren. Selbst bei größter Vorsicht konnte man sich kaum vor ihren Fallen und Illusionen schützen. Der Mann beschloss, hellwach und auf der Hut zu sein, um keiner ihrer Halluzinationen zum Opfer zu fallen.

Die Nacht war so ruhig und unbewegt wie die verwitterten Gräber auf dem Tempelfriedhof. Der Vollmond schien hell über die großen schwarzen Dachschrägen und warf eine Lichtflut in den Raum, in dem der Arzt geduldig auf den geheimnisvollen Feind wartete. Die Zeit verging nur langsam. Auch nach einer Stunde war der gespenstische Besucher noch nicht aufgetaucht. Schließlich holte der irritierte Mann die Sakeflasche hervor und begann, sich auf das Abendessen vorzubereiten. Er glaubte, der Mujina würde dem verlockenden Geruch des Essens nicht widerstehen können.

„Es gibt nichts Schöneres als Einsamkeit", dachte er laut vor sich hin. „Was für eine perfekte Nacht! Ich bin so glücklich, diesen verlassenen Tempel, der von der silbernen Pracht des Herbstmondes beschienen wird, gefunden zu haben."

Eine ganze Weile setzte der Mann sein Mahl fort und schmatzte dabei vor Vergnügen. Er glaubte, dass der Mujina ihn in Ruhe lassen würde, da er sein Ziel bereits erreicht hatte. Doch dann hörte er zu seiner großen Freude nahende Schritte. Den Eingang des Raumes fest im Blick erwartete der Arzt, dass der Mujina seine bevorzugte Verkleidung anlegen und als hübsche Jungfrau eintreten würde, um ihn zu überlisten. Aber zu seiner Überraschung erschien nur ein alter Priester, der sich mit stockenden Schritten in den Raum schleppte und mit einem tiefen, langgezogenen Seufzer auf die Matten sank. Er war wohl zwischen siebzig und achtzig Jahren alt. Sein Gewand war von langen Reisen zerschlissen und in den faltigen Händen trug er eine Gebetskette[6]. Offensichtlich war ihm der lange Weg die Treppen hinauf schwergefallen. Der Atem ging schwer und die Erschöpfung war ihm anzumerken. Seine ganze Erscheinung rief in den Augen des Betrachters Mitleid hervor.

"Darf ich fragen, wer Ihr seid?", sprach der Arzt.

Der alte Mann antwortete mit zitternder Stimme: „Ich bin der Priester, der hier vor vielen Jahren lebte, als der Tempel in einem prächtigen Zustand war.

Als Jugendlicher erhielt ich hier meine Ausbildung von dem damaligen Abt, nachdem ich den Weisungen meiner Eltern gefolgt war und mich in den Dienst des heiligsten Buddha gestellt hatte. Zur Zeit der großen Rebellion von Saigo[7] wurde ich in eine andere Gemeinde geschickt. Als die Burg von Kumamoto belagert wurde, brannte mein eigener Tempel leider nieder.[8] Ich wanderte von Ort zu Ort und hatte eine schwere Zeit. Alt und unglücklich geworden sehnte sich mein Herz danach, zu diesem Tempel zurückzukehren, wo ich so viele glückliche Jahre als junger Mönch verbracht hatte. Es war mein größter Wunsch, hier meine letzten Tage zu verbringen. Sie können sich vorstellen, wie traurig ich wurde, als ich feststellte, dass die Anlage völlig verlassen und in Verfall versunken war und dass es keinen Priester mehr gab, der unserem Buddha die täglichen Gebete darbringen oder die Riten für die hier begrabenen Toten ausführen konnte. Es ist nun mein letzter Wunsch, genügend Geld zu sammeln, um den Tempel wiederherzustellen. Aber ach! Ich bin schon so alt und der ständige Hunger hat mich meiner Kräfte beraubt. Ich befürchte, dass ich meinen Plan nicht mehr umsetzen kann."

Dann brach der alte Priester zusammen und vergoss bittere Tränen – ein bemitleidenswerter Anblick. Nachdem er sich mit dem Ärmel seines abgenutzten Gewandes die Augen trockengewischt hatte, schaute er hungrig auf das Essen und auf den Wein, an dem sich der Arzt erfreute, und fügte wehmütig hinzu:

„Ah, Ihr genießt eine köstliche Mahlzeit, während ich nur die mondhelle Landschaft betrachte. Gebt mir doch bitte etwas ab, denn ich bin ganz ausgehungert, weil ich schon so lange nichts mehr gegessen habe."

Zuerst glaubte der Arzt dem Mann die Geschichte, denn sie klang so plausibel. Sein Herz war voller Mitgefühl für den alten Bonzen. Doch als er dem traurigen Vortrag einige Zeit aufmerksam zuhörte, glaubte er einen seltsamen Akzent zu bemerken, der nicht von einem Menschen stammen konnte.

„Das könnte der Mujina sein! Ich darf mich nicht täuschen lassen! Der durchtriebene Bursche will mich überlisten, wie er es immer tut. Doch er wird schon sehen, dass ich der Klügere bin."

Der Arzt gab vor, an die Geschichte des alten Mannes zu glauben, und antwortete: „In der Tat kann ich mit Euch fühlen. Ihr seid herzlich eingeladen, mit mir zu speisen. Nein – ich werde Euch alles überlassen, was übrig geblieben ist. Und ich verspreche, morgen werde ich noch mehr bringen. Auch werde ich all meine Bekannten über Euren frommen Plan, den Tempel wieder herzurichten, informieren. Ich werde alles in meiner Kraft Stehende tun, um Euch beim Sammeln von Geld zu helfen.“ Dann schob er den unberührten Teller mit dem vergifteten Essen auf die Seite des alten Mannes, erhob sich von der Tatamimatte und versprach, am nächsten Tag zurückzukehren.

Die Freunde des Arztes, denen er versprochen hatte, den Mujina zu überlisten, besuchten ihn am nächsten Morgen und wollten wissen, wie es ihm ergangen war. Die meisten glaubten nicht an die Geschichte von einem betrügerischen Mujina. Sie schrieben die Visionen ihrer Freunde der Wirkung des Sake zu. Der Arzt wollte ihre neugierigen Fragen nicht beantworten. Stattdessen lud er sie ein, ihn zu begleiten: „Kommt und überzeugt Euch selbst“, sagte er und führte sie zu dem alten Tempel, dem Schauplatz der unheimlichen Ereignisse.

Zuerst durchsuchten sie den Raum, in dem der Arzt am Abend zuvor gespeist hatte, aber nichts war zu finden außer dem leeren Korb, in dem er das Essen für sich und den Mujina zum Tempel gebracht hatte. Sie untersuchten die Anlage sorgfältig und schließlich fanden sie in einer dunklen Ecke des Tempels den Kadaver eines sehr alten Mujina. Er war so groß wie ein ausgewachsener Hund und sein Fell war vollständig ergraut. Er musste wohl schon einige hundert Jahre alt sein. Triumphierend trug der Arzt seine Beute nach Hause. In den nächsten Tagen kamen die Nachbarn in großer Zahl, um die Überreste des Mujina zu besichtigen. Ehrfurchtsvoll lauschten sie den Geschichten von den vielen Menschen, die das dämonische Wesen hinters Licht geführt hatte.

Mir wurde noch eine weitere Legende von einem Mujina zugetragen, die sich in demselben Tempel ereignete. Viele der älteren Leute in der Gemeinde erinnern sich noch daran. Einer von ihnen erzählte mir folgende Geschichte.

Jahre zuvor, als die Tempelanlage noch in einem guten Zustand war, feierte der verantwortliche Priester mehrere Tage lang ein großes buddhistisches Fest. Unter den zahlreichen Gläubigen, die an den Gottesdiensten teilnahmen, bemerkte er einen gutgekleideten Jugendlichen, der den Predigten und Gesängen mit großer Ehrfurcht zuhörte, was ungewöhnlich war für einen Jungen seines Alters. Als das Fest vorbei war und die anderen Leute gegangen waren, blieb er auf dem Tempelgelände, so als fiele es ihm schwer, den heiligen Ort zu verlassen. Der Oberpriester, der von dem Verhalten des Jungen angetan war, schloss aus dessen kultiviertem und würdevollem Verhalten, dass es sich um den Abkömmling einer hochrangigen Samurai-Familie handeln müsse, der beabsichtigte, dem Priestertum beizutreten. Die offensichtliche religiöse Leidenschaft des Jugendlichen erfreute den Oberpriester. Er lud ihn in sein Arbeitszimmer und gab ihm vertiefte Einblicke in die buddhistischen Lehren. Den ganzen Nachmittag lang lauschte der Junge den Reden des Bonzen und dankte ihm wiederholt für seine Mühe, einen Unwürdigen wie ihn zu unterweisen.

Als der Abend nahte, lud der Oberpriester den Jungen ein, zum Essen zu bleiben. Er ließ eine Schüssel Nudeln bringen und war überrascht zu sehen, wie der Junge die Speise mit phänomenalem Appetit verschlang. Er aß dreimal so viel wie ein ausgewachsener Mann. Dann verneigte der Junge sich höflich und bat um Erlaubnis, nach Hause zurückkehren zu dürfen. Bei der Verabschiedung überreichte ihm der Priester, der noch immer von der Persönlichkeit des Besuchers fasziniert war, ein goldlackiertes Inro[9] als Abschiedsgeschenk. Als Zeichen des Dankes verbeugte sich der Junge tief und verließ dann das Tempelgelände.

Am nächsten Tag fand der Tempeldiener, als den Friedhof fegte, einen toten Mujina. Dieser war mit einem Gewand aus Stroh bekleidet, das dem eines Menschen ähnelte. An seiner Seite fand der Diener ein goldlackiertes Inro. Der Bauch des Wesens war aufgebläht und rund wie ein Ballon. Offensichtlich war die abendliche Völlerei die Ursache für den Tod der Kreatur. Als der Priester den Kadaver in Augenschein nahm, identifizierte er das Inro als jenes, welches er dem Jungen am Tag zuvor gegeben hatte. Nun wusste er, dass er getäuscht geworden war.

Offensichtlich war der Tempel von einem Paar dämonischer Mujina heimgesucht worden. Als der erste nach seiner Völlerei gestorben war, blieb sein Gefährte im Umfeld des Tempels. Die Kreatur hatte eine diabolische Freude daran, Reisende und andere Besucher, die Essen mit sich führten, zu täuschen. Während der Mujina sie mit seinen Illusionen in die Irre führte, konnte er ihre Körbe und Bündel stehlen und bequem von seiner Beute leben.

[1] Kumamoto 熊本市 ist heute mit 740.000 Einwohnern die größte Stadt und der Verwaltungssitz der gleichnamigen Präfektur 熊本県 auf Kyūshū 九州, der drittgrößten Hauptinsel Japans. Früher gehörte Kumamoto zur historischen Provinz Higo 肥後国.

[2] Seit der Nara-Zeit (646–794) findet man sechsteilige Wandschirme, Byōbu 屏風, in Schintoschreinen und buddhistischen Tempeln. In der Edo-Zeit (1600–1868) schmückten sie auch die Wohnräume wohlhabender Samurai. Zunächst wurden sie als Windschutz eingesetzt, später dienten sie vor allem als Raumteiler. Die sechs mit Malereien und Kalligraphien geschmückten, circa 1,60 Meter hohen Paneelen sind durch Scharniere verbunden und werden in Zickzack-Stellung aufgebaut.

[3] Siehe Anmerkung 9 in „Der Geist aus der Laterne".

[4] Ein buddhistischer Mönch oder Priester wird in Japan Bōzu 坊主 oder Bonsō 凡僧 genannt. Der spanische Missionar Francisco de Xavier brachte den Begriff durch seine Schriften im 16. Jahrhundert nach Europa. Dort erhielt das Wort Bonze später eine negative Bedeutung, da bigotte Priester und korrupte Parteifunktionäre so bezeichnet wurden.

[5] Der japanische Dachs wird als Anaguma 穴熊 oder Mujina 貉 bezeichnet. Im Volksglauben wird dem Mujina, wie dem Fuchs, Kitsune 狐, und dem Marderhund, Tanuki 狸, die Fähigkeit zugeschrieben, die Gestalt anderer Lebewesen annehmen zu können. Die Verwandlung des Mujina in einen bettelnden Mönch, der seinem Gegenüber das Essen abjagt, ist ein häufiges Motiv in japanischen Legenden. Die früheste Erwähnung eines Mujina stammt aus der im 8. Jahrhundert zusammengestellten Chronik Japans, Nihonshoki 日本紀.

[6] Siehe Anmerkung 11 in „Die Dämonin von Adachigahara".

[7] Saigō Takamori 西郷隆盛 lebte von 1828 bis 1877. Er gilt als einer der „Drei Helden der Meiji-Restauration", Ishin no Sanketsu 維新の三傑, und somit als einer der Gründer des modernen japanischen Staates, obwohl er sich zunächst gegen die Öffnung zum Westen gewendet hatte. Im Jahre 1873 trat er von allen Regierungsämtern zurück und kehrte in seine Heimatstadt Kagoshima 鹿児島市 zurück. Von Februar bis September 1877 revoltierten Samurai unter der Führung von Saigō Takamori in der Satsuma-Rebellion 西南戦争 gegen die Regierung. Der Anführer der Rebellen fiel in der letzten Schlacht bei Shiroyama 城山の戦い.

[8] Die Burg von Kumamoto 熊本城 wurde zu Beginn des 17. Jahrhunderts von dem Daimyo Katō Kiyomasa 加藤 清正 am Südhang der Kyomachi-Hügels 居町坂 am Fuß des Berges Cha-usu 茶臼山 erbaut. Sie zählt zu den „Drei bedeutsamsten Burgen Japans", Nihon sanmeijō 日本三名城. Der Beginn der Belagerung der Burg am 19.

Februar 1877 markiert den Ausbruch der Satsuma-Rebellion. Bei den heftigen Kämpfen um die Burg wurden auch umliegende sakrale Gebäude, wie der Fujisaki-Hachiman-Schrein 藤崎八幡宮, durch Brand zerstört. Am 14. April 1877 endete die Belagerung der Burg mit dem Einzug der kaiserlichen Truppen.

[9] Inrō 印籠 sind Stapeldosen aus Holz oder Elfenbein, die am Gürtel, Obi 帯, befestigt und mit einem Knebel, Netsuke 根付, gesichert werden. Meist dienen sie zur Aufbewahrung von Münzen, persönlichen Siegeln oder Arzneien.

Der Zwerg Issunboshi[1]

Vor vielen, vielen Jahren lebte ein älteres Ehepaar[2] in der Provinz Settsu[3] in der Stadt Naniwa[4], die heute Osaka heißt. Die beiden waren traurig und enttäuscht, denn ihr größter Lebenswunsch, einen Sohn zu haben, der ihren Namen weiterführt und für ihre Seelen betet, war bislang nicht erfüllt worden. Selbst wenn sie nur ein Kind hätten, so winzig wie ihr kleiner Finger, wären sie glücklich und zufrieden. Doch mit all den Jahren, die vergingen, schwand die Hoffnung. Schließlich beschlossen die beiden, die Götter um Hilfe zu bitten. Die Frau säuberte das Haus und der Mann kümmerte sich um den Garten. Auf den Tatamimatten war kein Schmutzfleck und auf den steinernen Wegen kein dahingewehtes Blatt mehr zu sehen, als die beiden sich noch einmal umsahen, bevor sie über die Veranda hin zum Bambustor gingen, das ihr Grundstück begrenzte. Mit klappernden Geta[5] schritten sie die Straße hinunter und verschwanden aus der Sicht ihrer Nachbarn.

So pilgerte das Ehepaar zum Schrein der als Gottheit verehrten Kaiserin Jingo Kogo[6] in Sumiyoshi[7]. Dort beteten sie vor dem Altar um ein Kind, sei es auch nur so groß wie ein kleiner Finger. Aus tiefstem Herzen und mit gefalteten Händen flehten sie um das, was ihnen lange verwehrt worden war. Und tatsächlich, die Gottheit hatte Mitleid mit ihnen. Als sich die beiden stumm niederwarfen, erschöpft durch die Inbrunst ihres Flehens, hörten sie eine Stimme hinter dem Bambusvorhang, die sagte:

„Da Ihr Euch so sehnlichst einen Nachkommen wünscht, werde ich Euer Gebet erhören. Ich werde Euch ein Kind senden, das Eure alten Tage erfreuen soll."

Die Freude des Paares kannte keine Grenzen. Immer wieder verbeugten sie sich vor dem Altar und murmelten Dankesformeln. Doch schließlich erhoben sie sich von den Knien und begaben sich auf den Weg nach Hause. Was war das für eine freudige Heimkehr! Selbst das Krähen der Vögel am Morgen und der quakende Chor der Frösche in der Nacht klangen wie ein wunderbares Lied in ihren Ohren. Die alte Frau kochte Reis mit roten Bohnen und der Mann besorgte Sake, um das Versprechen zu feiern, das sie der Gottheit mit ihren Gebeten abgerungen hatten.

Zehn Monate vergingen und dann kam der Tag, an dem die alte Frau tatsächlich ein Kind gebar. Seltsamerweise war das Kind nicht größer als die kleinen Spielzeugfiguren, die man sonst in die Miniaturgärten stellte, die die Ecke eines japanischen Schreibtisches schmückten. Entsetzt warf das alte Ehepaar die Hände in die Höhe und blickte das winzige Stück Mensch voller Erstaunen an. Dann erinnerten sie sich an ihr Gebet, in dem sie der Gottheit versichert hatten, dass sie zufrieden sein würden, wenn das Kind, nach dem sie sich so sehr sehnten, nicht größer als ein Finger wäre.

„Was waren wir für Dummköpfe", sagten sie zueinander. „Es wäre für Jingo Kogo doch so einfach gewesen, uns ein normales Kind zu geben und nicht so einen kleinen Zwerg – aber ‚shikata ga nai'[8]." Und so entschieden sie sich, das zu ertragen, was sie nicht ändern konnten. Sie nannten den winzigen Kerl Issunboshi[9] und erzogen ihn trotz seiner absurd winzigen Körpermaße mit all ihrer Sorgfalt und Liebe, in der Hoffnung, er würde eines Tages zu einem Sohn heranwachsen, auf den sie stolz sein konnten. Aber leider wurde Issunboshi nicht größer, und als er sein dreizehntes Lebensjahr vollendet hatte, war er immer noch so klein wie am ersten Tag – gerade mal so groß wie ein kleiner Finger seiner Eltern.

Die Enttäuschung des alten Ehepaares, das seine ganze Hoffnung und Liebe in dieses Kind investiert hatte, war so groß, dass sie alle anderen Gefühle überdeckte. Sie begannen, den Anblick ihres Sohnes zu hassen. Eines Tages sagte der alte Mann mürrisch: „Obwohl wir in unserer ausweglosen Lage sagten, wir wären mit einem winzigen Kind zufrieden, so wollen wir nun doch nicht die Eltern eines derart missgestalteten Sohnes sein." Beide waren nun der Überzeugung, die Gottheit hätte ihnen keinen guten Dienst erwiesen.

Aber erst der Spott der Nachbarn brachte das Fass zum Überlaufen. Wenn ihr Sohn das Grundstück verließ, riefen diese: „Schaut, ein Maiskorn geht spazieren!" Und wenn sie ihn weinen hörten, lachten sie laut und sagten: „Na, da weint der kleine Finger!" Die Eltern konnten das Gelächter ihrer Nachbarn nicht länger ertragen. Und so ließen sie ihren Sohn nicht mehr zum Spielen nach draußen. Aber auch zu Hause konnten sie seinen Anblick nicht ertragen, weil er so unglücklich war. Sie berieten, was zu tun sei und beschlossen, ihr seltsames Kind loszuwerden. Der Mann rief seinen Sohn zu sich und sagte:

„Issunboshi, wie kann es sein, dass du, obwohl wir uns so liebevoll um dich gekümmert haben, immer noch so lächerlich klein bist wie bei deiner Geburt? Du bist unser Sohn, deshalb werden wir dich immer lieben, aber wir schämen uns dafür, dass du Teil unserer Familie bist. Deine Mutter und ich betrachten es als Schande, einen solchen Zwerg als Sohn zu haben. Also bitte, Issunboshi, du musst von hier verschwinden und von nun an dein eigenes Leben leben. Geh wohin auch immer du willst, aber bereite uns keine Sorgen mehr."

Der kleine Kerl, der ein herzensgutes Kind war, nahm seinen Ausstoß aus der Familie ruhig und demütig hin. Er sagte: „Natürlich Vater, wenn Ihr mir sagt, ich solle gehen, dann werde ich Euch gehorchen und noch heute das Haus verlassen. Aber bitte gebt mir als Abschiedsgeschenk eine der Nadeln, die Mutter beim Nähen benutzt."

„Wozu brauchst du denn eine Nadel?" fragte die Mutter.

„Ich werde sie als Schwert benutzen", sagte Issunboshi.

„Ah ja, eine Nadel hat dafür genau die richtige Größe", rief die Mutter und brachte ihm eine.

Issunboshi nahm noch ein Stück Stroh, das ihm als Schwertscheide dienen sollte und befestigte es an seinem Gürtel. „Okkasan[10]", sagte der kleine Kerl, „ich möchte Euch um noch etwas bitten. Würdet Ihr mir eine kleine Suppenschale und ein Essstäbchen mitgeben?"

„Und was willst du mit der Schuppenschale und dem Essstäbchen anfangen?", fragte die Mutter.

„Die Schale werde ich als Boot verwenden und das Stäbchen wird mir als Ruder dienen", antwortete Issunboshi.

„Diese hier werden dafür gut geeignet sein", sagte die Mutter und gab ihm die gewünschten Gegenstände.

Issunboshi freute sich über die Abschiedsgeschenke. Er sagte seinen Eltern Lebewohl und ging in die weite Welt hinaus. Zunächst begab er sich zu dem nächstgelegenen Fluss[11]. Dort ließ er seine Schale zu Wasser und paddelte mithilfe des Essstäbchens davon. Die Stadt Naniwa verschwand schon bald hinter dem Horizont.

„Wohin soll ich nur gehen?“, fragte sich Issunboshi. Nach einiger Überlegung kam ihm die Hauptstadt Kyoto in den Sinn. Er hatte oft gehört, wie schwärmerisch seine Eltern von der wundervollen Stadt mit ihren großen Tempeln und Theatern, dem Palast und den prächtigen Häusern der Hofadeligen gesprochen hatten. Bestimmt gab es dort viel Schönes und Bedeutendes zu sehen. Aber wie sollte er den Weg dorthin finden? „Ich muss jemanden fragen“, sagte der Kleine zu sich selbst. Also sprach er den nächsten Bootsmann an, der ihm begegnete. Dieser wies ihn an, einfach nur den Fluss hinaufzufahren, dann würde er die Hauptstadt schon bald erreichen. Das Paddeln war ein hartes Stück Arbeit für Issunboshi, denn sein Boot war sehr klein und der Fluss breit und tief. Zudem war die Strömung so stark, dass er mehrfach fast weggespült worden wäre. Aber wie so oft bei kleinen Menschen waren sein Herz und sein Wille größer als die Winzigkeit seines Körpers. Wie die Kiefer, die auch im tiefsten Winter ihr Grün behält, verlor er trotz aller Beschwernisse nie den Mut. Tag um Tag arbeitete er sich mit seinem kleinen Ruder voran.

Es dauerte lange, viel länger als der Bootsmann vorhergesagt hatte. Manchmal schlief er unter einer Brücke, manchmal machte er seine Schüssel im Schatten der Uferböschung oder eines großen Steins fest. Nach einem Monat erreichte er Kyoto[12]. Dort lebte der Kaiser, umgeben von seinem Hof, so wie er jetzt in Tokio lebt. Issunboshi war tief beeindruckt, denn er hatte in seinem ganzen Leben noch nie etwas Vergleichbares gesehen. Die Straßen waren voll mit fröhlichen Menschen, die Häuser groß und schön, und es schien Issunboshi, als ob alle Bewohner der Stadt festliche Kleidung trugen, so schön waren ihre Roben. Wie anders als sein Geburtsort, die kleine Stadt Naniwa, war Kyoto, mit seinen sauberen, geraden Straßen, seinen Parks und Tempeln und seinen fröhlichen Menschen. Er war froh, hierhergekommen zu sein.

Als er so dahinschlenderte, kam zu einem großen überdachten Tor. Issunboshi wusste es nicht, aber er stand vor der Residenz eines hochrangigen Kuge[13], dem Anwesen des Prinzen Sanjo[14]. Mit der Naivität und Furchtlosigkeit eines Unwissenden, angezogen von der unbeschreiblichen Pracht der Anlage, ging er durch das Tor zur großen Veranda und rief: „O tanomi moshimasu.[15]“

Zufällig hielt sich der Kuge selbst gerade im Eingangsbereich auf. „Was für eine seltsame Stimme!“, sagte der große Mann und spähte hinaus. Aber da er so etwas Kleines wie Issunboshi nicht erwartete, konnte er zunächst niemanden sehen. Er wunderte sich, denn zweifellos hatte er jemanden gehört. Er schaute noch einmal und dann sah er auf der Stufe vor dem Eingang neben einem Paar Holzsandalen etwas, das wie eine winzige lebende Puppe aussah. „Oh, oh!“ sagte der Kuge, „schaut, welch seltsames Wesen ich gefunden habe! Kommt, meine Diener, kommt her und seht euch das an!“ Dann sprach er zu dem Zwerg: „Hast du gerade gerufen?“

Issunboshi verneigte sich und sagte: „Ja, das war ich!“

„Wirklich? Und was willst du hier?“, fragte der Kuge und fuhr fort: „Was bist du für ein Winzling? Ich habe noch nie in meinem Leben etwas so Kleines gesehen wie dich. Sag mir, wer du bist.“

„Ich komme gerade aus der Stadt Naniwa und mein Name ist Issunboshi.“

„Du heißt Issunboshi? Es muss an deiner Größe liegen, dass du so genannt wirst. Was führt dich hierher?“

„Ich wurde von meinem Vater wegen meiner Winzigkeit verstoßen. Da ich kein zu Hause habe, nehmt mich bitte bei Euch auf. Seid Ihr dazu bereit?"

Der Kuge dachte einen Moment nach und antwortete dann: „Du tust mir wirklich leid, armer kleiner Mann. Du wärst eine Attraktion für alle, die dich zu Gesicht bekommen, denn es gibt niemanden, der so winzig ist wie du. Ja, ich werde dich bei mir aufnehmen.“

Auf diese Weise verschaffte sich Issunboshi Zugang zu der der noblen Residenz des Kuge Sanjo. Trotz seiner Winzigkeit war Issunboshi ein kluger Kerl. Er war sehr aufmerksam und tat nie etwas, das seine Mitbewohner erzürnte. Jeder im Haushalt mochte ihn gerne. Irgendjemand rief immer nach „Issunboshi! Issunboshi!", um seine kuriosen Sprüche zu hören und sich an seinen lustigen Taten zu erfreuen. Aber mehr als jeder andere mochte die junge Prinzessin Sanjo den Zwerg, und sie machte ihn zu ihrem Pagen. Wohin sie auch ging, Issunboshi war stets an ihrer Seite. Bald nach dessen Aufnahme in die Fürstenfamilie besuchte die Prinzessin den Tempel von Kannon[16], der Göttin der Barmherzigkeit. Sie ging oft dorthin, um vor der Statue der himmlischen Mutter, die auf den Drachen der Elemente und der Lotusblüte der Reinheit stand, den Schutz vor Krankheiten und anderem Übel zu erbitten. Es war nicht weit, und der Weg führte größtenteils durch die Ländereien ihres Vaters. Also machte sie sich in Begleitung ihres winzigen Pagen Issunboshi auf den Weg.

Sie erreichten schon bald den Tempel, wo die Prinzessin ihre Gebete sprach, während der Priester die Glocke läutete und Sutren sang. Danach begaben sie sich auf den Weg nach Hause. Die vornehme Dame und ihr Page waren gerade die Hälfte der langen Steintreppe, die zum Tempel führte, herabgestiegen, als zwei riesige Oni[17] aus dem Schatten des Gebüschs auf sie zusprangen. Beim Anblick der schrecklichen Gestalten erschrak die Prinzessin zutiefst. Sie lief davon so schnell sie konnte, doch einer der Oni holte sie ein und wollte sie gerade ergreifen, als Issunboshi sich ihm in den Weg stellte. Der Zwerg zog sein Nadelschwert aus der Strohscheide und streckte es dem Oni entgegen, während er mit aller Kraft schrie:

„Du ignoranter Narr! Weißt du nicht, wer diese Dame ist, dass du es wagst, Hand an sie zu legen? Ich bin Issunboshi, in Diensten des erlauchten Kuge Sanjo, und die Edelfrau, der ich demütig folge, ist seine ehrenwerte Tochter. Lass sie los! Wenn du es wagst, ihr ein Haar zu krümmen, werde ich deinen hässlichen Körper mit meinem Schwert durchbohren."

Der Dämon lachte laut, als er den kleinen Zwerg erblickte und sein Lachen schallte wie das Dröhnen einer messingnen Klangschale. „Du kleiner Wurm! Wenn du den Mund so voll nimmst, werde dich schnappen und mit einem Biss verschlingen, so wie der Kormoran im Fluss die Forelle schluckt!" Ohne zu zögern ergriff er Issunboshi, steckte ihn in seinen Mund und verschluckte ihn in einem Stück, wie er es angedroht hatte.

Nun war der Oni wirklich sehr groß. Deshalb bereitete es Issunboshi keine Schwierigkeiten, sich unbeschadet im Körper der Kreatur fortzubewegen. Er hielt immer noch sein Schwert fest und rutschte tiefer und tiefer, bis er sich im Bauch des Monsters befand. Dort machte er sich an die Arbeit, einen Weg nach draußen zu bohren. Mit seinem Nadelschwert arbeitete er sich Stück für Stück voran.

"Aita! Aita!", rief der Dämon unter großen Schmerzen. Er stieß kräftig auf und Issunboschi wurde, so schnell wie er verschluckt worden war, wieder in die Welt hinausgeworfen. Als der zweite Dämon sah, wie sein Gefährte verwundet und stöhnend am Boden lag, schrie er wütend: „Du wirst mir nicht entkommen!" Mit diesen Worten ergriff er Issunboshi und versuchte ihn zu verschlingen. Issunboshi wollte nicht schon wieder in die dunklen Tiefen eines Dämonenbauches hinabsteigen. Es gelang ihm, vom Gaumen aus in die Nase des Monsters zu klettern. Dann kroch er durch einen langen Tunnel, der in Wirklichkeit das Nasenloch des Oni war. Von dort aus gelangte er auf die Wange seines Feindes, wo er mit gewaltiger Anstrengung zuerst in das eine, dann in das andere Auge stieß.

Der Dämon krümmte sich vor Schmerz, als er sein Augenlicht fast verlor. Er war fest davon überzeugt, dass Issunboshi ein Magier mit übersinnlichen Kräften war, denn kein gewöhnlicher Sterblicher seiner Größe hätte so etwas fertigbringen können. Es schien an der Zeit zu verschwinden, bevor Schlimmeres mit ihnen geschah. Er schrie seinen Begleiter an, und forderte ihn auf, ihm zu folgen. Sie nahmen ihre Beine in die Hand und liefen davon, so schnell sie konnten.

„Was seid ihr Riesen doch für Feiglinge!", schrie Issunboshi hinter ihnen her. „Ihr rennt einfach weg. Oya! Oya! Oya!" Und er lachte sie aus.

Die junge Prinzessin hatte sich in einer Nische des Treppenaufgangs versteckt und vor Angst gezittert, während ihr Zwerg die Dämonen bekämpft hatte. Als die Feinde außer Sichtweite waren, ging Issunboshi auf seine Herrin zu und erklärte ihr, dass es nichts mehr zu befürchten gab.

„Glaubt Ihr, dass ich Euch jetzt nach Hause bringen kann?", sagte er. „Es ist schon spät und wir sollten nicht noch mehr Zeit verlieren."

„Ich bin so froh, wieder in Sicherheit zu sein!", antwortete die Prinzessin. „Du hast mein Leben gerettet, Issunboshi, denn diese grässlichen Monster hätten mich sicherlich getötet. Wenn wir zurückkommen, werde ich meinem Vater berichten, was du für mich getan hast, und ich bin sicher, er wird dich reich belohnen."

Auf ihrem Weg nach Hause fanden sie einen hölzernen Hammer[18], der vor ihnen auf der Straße lag. Die Prinzessin hatte ihn zuerst entdeckt. „Schau!", rief sie, „auf der Straße liegt ein kleiner Holzhammer. Die Dämonen müssen ihn auf ihrer Flucht verloren haben. Wir haben einen wertvollen Schatz gefunden!" Und sie hob ihn auf.

Issunboshi fragte sich, warum die vornehme Dame sich so sehr daran erfreute, einen nutzlosen Gegenstand wie dieses geschnitzte Stück Holz im

Schmutz der Straße gefunden zu haben. Er sagte: „Prinzessin, darf ich Euch etwas fragen? Wie nennt man das Ding, das Ihr gerade aufgehoben habt?"

Die junge Frau lachte herzhaft: „Oh, Issunboshi, du musst noch viel lernen, wenn du nicht weißt, was das ist." Und sie hielt den Hammer hoch in die Luft. „Es ist in der Tat ein wertvoller Gegenstand. Wer ihn besitzt, ist ein reicher Mensch. Man kann sich alles wünschen, was man nur will. Dann muss man nur den Hammer auf den Boden schlagen und der Wunsch geht in Erfüllung. Hast du noch nie von dem magischen Hammer gehört?"

„Prinzessin", fragte Issunboshi begierig, „ist es wirklich wahr, dass dieser Hammer die Macht hat, einem alles zu geben, was immer man sich wünscht?"

„Ja, glaube mir. Meine Großmutter hat mir als kleines Mädchen oft davon erzählt und beteuert, wie glücklich man sich schätzen könne, wenn man ihn findet. Wer den Hammer hat, kann sofort alles bekommen, was er sich wünscht. Jetzt ist deine Chance gekommen, Issunboshi, wenn es irgendetwas gibt, das du dir wünschst, sag es mir und ich werde es für dich herausklopfen."

Issunboshi ging nachdenklich weiter. Seine Augen waren auf den Boden gerichtet. Plötzlich hob er seinen kleinen Kopf und die Prinzessin sah, dass sein Gesicht vor Hoffnung strahlte. „Prinzessin", sagte er leise, „ich habe einen sehnsüchtigen Wunsch! Ich möchte so groß sein wie die anderen Menschen."

„Natürlich, das hätte ich mir denken können", entgegnete die Prinzessin freundlich. „Es muss sehr lästig für dich sein, in dieser Welt einen so kleinen Körper zu haben, besonders wenn es darum geht, große Dämonen zu bekämpfen. Der magische Hammer soll dir geben, wonach du dich sehnst."

Dann erhob sie das Werkzeug und hieb es mit den folgenden Worten auf den Boden: „O Körpergröße! Komm hervor, damit Issunboshi so wird wie ein normaler Sterblicher!"

Während die Prinzessin den magischen Hammer benutzte, schaute sie Issunboshi an, und tatsächlich, er begann in die Höhe zu schießen, bis er so groß war wie ein ausgewachsener Mann. Ihr fehlten die Worte, aber Issunboshi spürte, was mit ihm vorging und rief lauthals: „Welche Gnade wird mir zuteil! Ich bin so dankbar, dass ich endlich wie die anderen Männer sein darf. Von heute an wird man mich nicht länger ‚kleiner Finger' nennen."

Issunboshi freute sich überschwänglich. Dabei vergaß er völlig, dass er mit einer vornehmen Dame unterwegs war. Laut jubelnd tanzte er auf und ab und wedelte dabei abwechselnd mit seinem Schwert und seinem Fächer durch die Luft. Die Prinzessin tadelte ihn nicht, denn sie wusste, dass eine große Last von ihm abgefallen war. Als Issunboshi zu sich kam, verbeugte er sich tief und entschuldigte sich für sein Verhalten.

Den beiden erschien der Weg nach Hause als sehr kurz, denn wenn man sich freut, merkt man nicht, wie schnell die Zeit vergeht. Und die Prinzessin konnte sich am Glück ihres Schützlings erfreuen. In der Residenz ihres Vaters erzählte sie allen davon, wie Issunboshi ihr Leben gerettet und die bösen Dämonen verjagt hatte. Dann präsentierte sie ihrer Familie einen Issunboshi, der nicht länger ein Zwerg war. Auch erzählte sie von dem magischen Fund, mit dessen Hilfe Issunboshis Verwandlung gelungen war. Die Verwunderung aller war groß. Issunboshi wurde überschwänglich beglückwünscht. Der Kuge Sanjo ließ für ihn ein prächtiges Gewand aus hochwertiger Seide anfertigen und als der Prinz das nächste Mal den kaiserlichen Hof besuchte, berichtete er dem Regenten von den absonderlichen Ereignissen.

„Ich möchte diesen Issunboshi sehen", sprach der Kaiser und befahl, den verwandelten Jungen an seinen Hof zu bringen. In jenen Zeiten galt der Kaiser als heilig. „Sohn des Himmels"[19] ist bis heute sein Name. Dem Regenten von Angesicht zu Angesicht gegenüberzustehen war das größte Glück, das jemandem widerfahren konnte. Dies war für jeden Japaner der Gipfel allen Strebens, und diese Gnade wurde nun unserem kleinen Helden zuteil. Nach der Audienz war der Kaiser so sehr von Issunboshi beeindruckt, dass er ihm als Zeichen seiner Gunst wertvolle Geschenke überreichen ließ und ihn in den Rang eines hohen Beamten erhob.[20]

So hat es unser kleiner Issunboshi nach all den schwierigen Zeiten doch noch zu Wohlstand gebracht. Mit den Jahren stieg seine Macht und die Anzahl seiner Gefolgsleute. Er wurde nun im ganzen Land respektiert und bewundert. Als seine Freundin, die Prinzessin Sanjo, von ihrem Vater mit einem benachbarten Prinzen verheiratet wurde, war es Issunboshi, der dem Paar die schönsten und kostbarsten Hochzeitsgeschenke überbrachte. Und als

Issunboshi selbst alt genug war, um zu heiraten, gab der Kuge Sanjo ihm seine jüngste Tochter zur Frau und sie lebten glücklich bis ans Ende ihrer Tage.

---

[1] Die Legende vom Zwerg Issunboshi stammt aus dem Otogi-zōshi 御伽草子, einer Sammlung von 350 illustrierten Erzählungen, die im 17. Jahrhundert zusammengestellt wurde. Die Geschichten sind wohl bereits in der Muromachi-Zeit (1392–1573) entstanden.

[2] In der Originalversion waren die Eltern von Issunboshi von adeliger Abstammung. Der Vater war der Sohn des Vize-Ministers Horikawa no Chūnagon 堀川中納, der als Opfer einer Verleumdungskampagne vom kaiserlichen Hof verstoßen wurde. Die Mutter war die Tochter des Generalmajors Fushimo no Shōshō 伏見少将, der starb, als sie noch ein Kind war.

[3] Siehe Anmerkung 21 in „Der Dämon am Oeyama".

[4] Die Stadt Osaka hieß ursprünglich Naniwa 難波. Von 645 bis 654 unter Kaiser Kōtoku 孝徳天皇 und von 744 bis 745 unter Kaiser Shōmu 聖武天皇 war Naniwa japanische Hauptstadt. Der heutige Bezirk Naniwa 浪速区 liegt im Süden Osakas.

[5] Die traditionellen japanischen Sandalen, Geta 下駄, bestehen aus einer hölzernen Sohle, zwei Riemen, die zwischen dem großen und dem benachbarten Zeh befestigt sind, und zwei Holzstegen. In der Regel werden sie mit Zehensocken, Tabi 足袋, getragen. Die Stege, Ha 歯, sind bis zu 5 Zentimeter hoch und sorgen für einen gewissen Abstand zum Schmutz der Straße.

[6] Die legendäre Kaiserin Jingū-kōgō 神功皇后 soll von 160 bis 269 gelebt haben. Laut den Aufzeichnungen im Nihonshoki 日本書紀 hat sie nach dem Tod ihres Gatten, Kaiser Chuai 仲哀天皇, fast 70 Jahre lang über Japan geherrscht. Nach der Rückkehr mit ihrer Invasionsarmee aus Korea soll sie mehrere Schreine errichtet haben, darunter den Sumiyoshi Taisha 住吉大社 in Osaka. Dort wird sie auch als Gottheit, Kami 神, verehrt.

[7] Siehe Anmerkung 16 in „Der Dämon am Oeyama".

[8] Die Redewendung „Shikata ga nai" 仕方が無い bedeutet „Da kann man nichts machen". Diese wird immer dann verwendet, wenn man bereit ist, das Unausweichliche zu akzeptieren. Autoren aus der Zeit der Japaner-Diskurse, Nihon Jinron 日本人論, schreiben Japanern unter Bezug auf die Redewendung die Fähigkeit zu, die Folgen von Naturkatastrophen oder Kriegen gelassen und in Würde ertragen zu können.

[9] Der Name Issunbōshi 一寸法師 wird in der Forschungsliteratur meist als „Ein-Zoll-Priester" übersetzt. Sun 寸 ist eine japanische Längeneinheit. Ein Sun entspricht 3,03 cm oder 1,19 Zoll. Als Hōshi 法師 wird ein buddhistischer Priester, aber auch ein unverheirateter junger Mann bezeichnet.
Auch in europäischen Märchen findet man vielfach das Motiv des zwergenhaften Protagonisten, der sich in der Welt der Großen bewährt. Am bekanntesten sind „Le Petit Poucet" des französischen Schriftstellers Charles Perrault und dessen deutsche Adaption „Daumesdick" von den Gebrüdern Grimm sowie „Tom Thumb", der Hofzwerg von König Artus aus der englischen Folklore des frühen 17. Jahrhunderts.

[10] Okaasan お母さん ist in der japanischen Sprache die höfliche Anrede der eigenen Mutter.

[11] Der zum historischen Naniwa nächstgelegene Fluß ist der Dōtonbori 道頓堀川, heute ein 3 km langer Kanal, der über die Flüsse Kizu 木津川 und Tosahori 土佐堀川 mit dem Yodo-gawa 淀川 verbunden ist, welcher nach Kyoto führt.

[12] Gemäß der Originalversion der Legende soll Issunboshi im Stadtbezirk Fushimi 伏見区 an der Mündung des Flusses Kamo 鴨川 in den Katsura-gawa 桂川 angelandet sein.

[13] Kuge 公家 waren Angehörige einer aristokratischen Klasse, die insbesondere während der Nara- und Heian Zeit (710–1185) einen erheblichen Einfluss auf die Vorgänge am Kaiserhof ausübte. Mit dem Erstarken der Kriegerklasse, Buke 武家, verloren die Kuge an Bedeutung.

[14] Es ist unklar, ob hiermit der historische Prinz Sanjō 三条 gemeint ist. Dieser ist eher unter den Namen Prinz Mochihito 以仁王 und Minamoto no Mochimitsu 源以光 bekannt. Der zweite Sohn des Kaisers Go-Shirakawa 後白河天皇 starb im Jahre 1180 in der ersten Schlacht von Uji 宇治市 zu Beginn des Genpei-Krieges 源平合戦.

[15] Den Ausdruck „O tanomi mōshimasu お頼申します" verwendet man im Japanischen zur demütigen Ansprache eines Höhergestellten: „Ich spreche ergebenst die höfliche Bitte aus, mich Ihnen zu empfehlen."

[16] Siehe Anmerkung 17 in „Der Dämon am Oeyama".

[17] Siehe Anmerkung 6 in „Der Oger am Rashomon".

[18] Der Wunsch- oder Glückshammer Uchide no kozuchi 打出の小槌 spielt in mehreren japanischen Legenden eine Rolle. Diese finden sich unter anderem in der Geschichtensammlung Hōbutsushū 賓物集 und in dem Heike Monogatari 平家物語. Auf bildlichen Darstellungen von Daikoku 大黒, einem der sieben Glücksgötter, Shichi Fukujin 七福神, trägt dieser den Hammer als glücksverheißendes Utensil meist in seiner erhobenen rechten Hand.

[19] Die japanischen Kaiser führen ihre Herkunft und damit ihre Autorität auf die Sonnengöttin Amaterasu 天照 zurück, die gemäß dem japanischen Schöpfungsmythos aus dem linken Auge des Urgottes Izanagi no Mikoto 伊邪那岐命 geboren wurde. Amaterasu sandte ihren Enkel Ninigi 邇邇芸 zur Erde, dessen Urenkel Jimmu-tennō 神武天皇 in der Mythologie als erster menschlicher Herrscher und somit als Ahnherr des japanischen Kaiserhauses beschrieben wird.

[20] In der Originalversion der Legende verleiht Prinz Sanjō Issunbōshi den Titel Horikawa no Shōshō 堀河少将.

Nachwort des Herausgebers

Yei Theodora Ozaki 尾崎英子セオドラ war eine Wanderin und Vermittlerin zwischen den Welten. Ihr Vater, Saburō Ozaki 尾崎 三良, Nachkomme einer wohlhabenden Samurai-Familie aus Kyoto, kam im Jahre 1868 als einer der ersten japanischen Auslandsstudenten nach London, wo er Bashia Catherine Morrison, die Tochter seines Englischlehrers, heiratete. Aus der Ehe, die nur fünf Jahre hielt, gingen drei Töchter hervor, die bei ihrer Mutter in England aufwuchsen, während der Vater nach Japan zurückkehrte. Yei Theodora, die zweite Tochter, siedelte im Alter von 16 Jahren in das Heimatland ihres Vaters über. Dort war sie nach Abschluss ihrer Ausbildung zunächst als Lehrerin an der von Missionaren der Church of England errichteten Koran Mädchenschule 香蘭女学校 und später als Sekretärin des britischen Botschafters in Tokyo, Hugh Fraser, tätig. Mit dessen Familie reiste sie nach Europa, wo sie einige Zeit in Italien lebte. Zurück in Japan verkehrte sie in den Kreisen von Aristokraten und Politikern. Dabei lernte sie den Bürgermeister von Tokyo, Yukio Ozaki 尾崎行雄, kennen, nachdem die Post aufgrund der Namensgleichheit jahrelang ihre Briefe fälschlicherweise an ihn und seine an sie ausgeliefert hatte. Die beiden heirateten im Jahre 1904. Yukio Ozaki wurde später Justizminister im japanischen Kabinett. Yei Theodora Ozaki lebte nach der Heirat bis zu ihrem Tod im Jahre 1932 in Japan.

Während ihrer Tätigkeit als Lehrerin entstand bei Yei Theodora Ozaki, ausgelöst durch die Erzählungen ihrer Schülerinnen, eine besondere Faszination für japanische Mythen und Legenden:

> „In diesen frühen Jahren liebte ich die Helden und Heldinnen meines Landes mit leidenschaftlicher und romantischer Hingabe. Sie waren die Gefährten meiner Einsamkeit, edel und fern, aber gleichzeitig nah und wirkkräftig wie das Feuer des Idealismus meiner jungen Schülerinnen. Sie erfüllten meine Vorstellungen mit schönen Bildern, zärtlich und mutig und treu. Damals wurde mir oft vorgeworfen, eine Träumerin zu sein, doch meine Träume waren erfüllt von Schönheit und Edelmut. Die alten Geschichten hatten mich in Besitz genommen. Sie waren wundervoll, erheiternd und begeisternd, obwohl ich mir zu dieser Zeit kaum vorstellen konnte, sie jemals aufzuschreiben“[1]

[1] Dieses und alle weiteren Zitate aus dem Vorwort zu *Yei Theodora Ozaki: Warriors of Old Japan and Other Stories. Boston. Houghton Mifflin. 1909*.

Der Schwager von Hugh Fraser erkannte das literarische Talent von Yei Theodora Ozaki und schlug vor, die Geschichten, die sie von ihren Schülerinnen gehört und im Kreis der britischen Familie immer wieder erzählt hatte, in englischer Sprache niederzuschreiben. Auch der Schriftsteller Andrew Lang, ein Experte für Märchen verschiedener Kulturen, soll sie zur Veröffentlichung motiviert haben.

Die besondere Vorliebe der Autorin für unheimliche Geschichten entstand wohl nach der Rückkehr nach Japan:

> „Ich lebte im Obergeschoss eines alten buddhistischen Tempels und genoss die Merkwürdigkeit und Entrücktheit des Ortes. Unter meinen Fenstern befand sich ein Friedhof, auf dem ich in Sommernächten Ausschau nach Geistern hielt. Im Winter machten mir die Kälte, die Zugluft und die Ratten zu schaffen. Manchmal wurde ich im Morgengrauen durch Gongschläge und Glockenläuten geweckt. Dann schaute ich aus meinem Fenster, um im Hof einen Trauerzug zu beobachten."

Erste Erzählungen von Yei Theodora Ozaki erschienen um 1900 in den britischen Zeitschriften *The World Wide Magazine*, *The Girl's Realm* und *The Lady's Realm*. Die 1903 veröffentlichte Märchensammlung *The Japanese Fairy Book* war sehr erfolgreich und wurde in den USA und in England mehrfach neu aufgelegt. Die Autorin hatte beim Verfassen ihres Erstlingswerks auch auf moderne Versionen der japanischen Märchen und Legenden zurückgegriffen, die Iwaya Sazanami 巌谷小波 einige Jahre zuvor veröffentlicht hatte. Es folgten drei weitere Geschichtensammlungen von Yei Theodora Ozaki: *Warriors of Old Japan and Other Stories*, *Romances of Old Japan* und *Buddha's Crystal and Other Fairy Stories*. Die meisten der dort veröffentlichten Geschichten haben ihre Ursprünge in der Kamakura-Zeit (1185–1333) und der Muromachi-Zeit (1333–1573), als die Kriegerklasse in Japan enorm an Bedeutung gewann. Und so finden sich in den Geschichten meist moralische Belehrungen in Kombination mit heroisierenden Beschreibungen von tapferen Samurai, die durch die Macht des Buddhismus gestärkt werden.

Bei den Erzählungen von Yei Theodora Ozaki handelt es sich nicht um wörtliche Übersetzungen der japanischen Originale. Die Autorin hat die Geschichten bewusst an das Verständnis und den Geschmack der Leserschaft angepasst. Wie zuvor schon Lafcadio Hearn versuchte sie auf diese Weise, dem Westen die Kultur und Denkweise der Japaner näherzubringen:

„Es war auch meine Hoffnung, dass die alten Geschichten und Legenden, wenn ich sie auf Englisch nacherzähle, dem Westen die Ideale und Empfindungen vermitteln, für die die Japaner leben und sterben."

Um Verständnisproblemen vorzubeugen, vermied Yei Theodora Ozaki beim Verfassen ihrer Nacherzählungen Begriffe, die zur damaligen Zeit im Westen nur wenig bekannt waren. So wurden beispielsweise aus *Samurai Ritter* und aus *Oni Oger*. In der hier vorliegenden Übertragung ins Deutsche wurden die von der Autorin verwendeten westlichen Begriffe meist übernommen. Lediglich dort, wo sie offensichtlich falsche Übersetzungen verwendet hat, so zum Beispiel *badger* für *Tanuki* oder *Mujina,* wurden diese durch die japanischen Begriffe ersetzt.

Der vorliegende Band enthält eine Auswahl der besten Geschichten von Yei Theodora Ozaki, die hier erstmals mit erläuternden Kommentaren versehen in deutscher Sprache erscheinen.

Klaus Lerch — Kaarst, im November 2020

Bildnachweis

Titelseite: Der Priester Jōkai 浄海 (Taira no Kiyomori 平清盛) betrachtet den Schnee in Rokuhara 六波羅, Farbholzschnitt (Ausschnitt) von Yōshū Chikanobu 楊洲周延, 1884

Quellen

DER MANN, DER NICHT STERBEN WOLLTE (The Story of the Man Who Did not Wish to Die)

DIE DÄMONIN VON ADACHIGAHARA (The Goblin of Adachigahara)

DER OGER AM RASHOMON (The Ogre of Rashomon)

DER BAUER UND DER TANUKI (The Farmer and the Badger)

WIE EIN ALTER MANN SEINEN GRÜTZBEUTEL VERLOR (How an Old Man Lost His Wen)

aus: *The Japanese Fairy Book. New York. E. P. Dutton. 1903*

DER ZWERG ISSUNBOSHI (Issunboshi)

aus: *Buddha's Crystal and Other Fairy Stories. Tokyo. Kelly & Walsh. 1908*

DER DÄMON AM OEYAMA (The Goblin of Oeyama)

DER RÄUBER KIDOMARU, DER TAPFERE RAIKO UND DER SPINNEN-DÄMON (Kidomaru the Robber, Raiko the Brave, and the Goblin Spider)

aus: *Warriors of Old Japan and Other Stories. Boston. Houghton Mifflin. 1909*

DER GEIST AUS DER LATERNE (The Spirit of the Lantern)

DIE DAME AUS DER ZEICHNUNG (The Lady of the Picture)

DER TEMPEL IM BANNE DES MUJINA (The Badger-Haunted Temple)

aus: Romances *of Old Japan. London. Kent. 1910.*

Edition Hearn

In der Reihe EDITION HEARN werden ausgewählte Werke von Lafcadio Hearn veröffentlicht. Der Schriftsteller griechisch-irischer Abstammung lebte von 1890 bis zu seinem Tod im Jahre 1904 in Japan. Durch seine Werke wurde das westliche Bild von Japan Anfang des 20. Jahrhunderts entscheidend geprägt.

Auch heute noch gilt Lafcadio Hearn im Land der aufgehenden Sonne als der Ausländer, der die japanische Kultur und Lebensweise am tiefgründigsten verstanden und beschrieben hat.

HIBARIOS VERLAG

Königstraße 110, 41564 Kaarst, www.hibarios-verlag.de